# 黃金之法

黃金の法

*Ryuho Okawa*

大川隆法

「阿卡莎記錄」（*Akashic Records*）這部秘典，

登載了創世計畫，儲存了每個靈魂的所有歷史，更記錄了人類文明的一切事物。

欲知曉生命的本質嗎？請從本書入手。

# 前言

光陰似箭，又一道嶄新的黃金之箭，躍入世人之眼，這就是《黃金之法》——愛爾康大靈的歷史觀。這除了是愛爾康大靈的歷史觀，亦是愛爾康大靈所規劃之地球規模佛法真理大河的鳥瞰圖。

本書透過諸光的菩薩、光的如來等活躍的經歷記述，首次公開了隱沒至今的人類秘史，也提示了佛陀、地球靈團的至高神——主　愛爾康大靈的本意與價值基準。

其本願在於確立地球規模與佛法真理的價值觀，讓人們得以明辨天國的價值觀與地獄的價值觀。本書分以西洋、東洋、日本之光譜化的方式，精闢地論述了天國的價值觀。

「散佈於全世界的光明後裔啊！該是覺醒的時候了！講述地球規模的佛法真理的時代已到來了！

你們應該做個超越國家界限的地球人，應該為建設地球烏托邦而努力。就像你們在過去皆是佛子、光明的夥伴，現在以及未來你們亦是佛子、光明的夥伴。捨恨取愛，不要為彼此的差異而嘆息，應為同懷佛性而歡喜！充滿希望的新世紀已逐漸靠近！」——這就是愛爾康大靈的靈性訊息。

**幸福科學集團創立者兼總裁　大川隆法**

## 第二章　馳騁大地　45



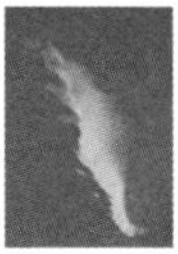
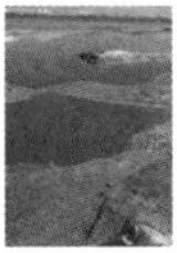
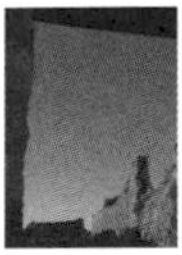

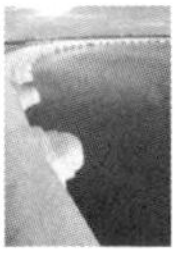

## 第三章　悠久的山河　79

## 第四章　太陽升起之國　111



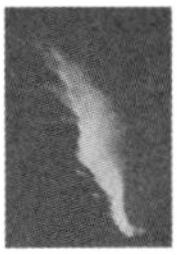

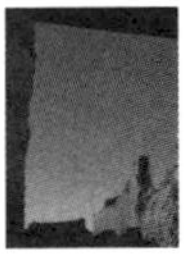

## 第五章　愛之湧潮時　145



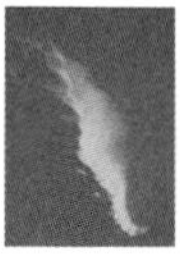

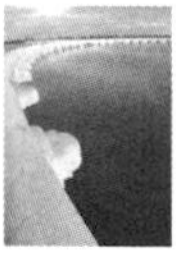

## 第六章　振翅飛向未來　175



## 後記　203

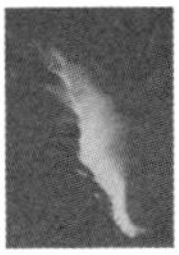

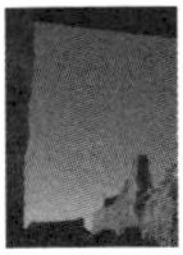

第一章

# 創造黃金般的人生

# 第一章　創造黃金般的人生

## 一、時間煉金術

人生歲月短短幾十年，有的人認為它是個漫長的旅程，也有的人覺得它瞬息即逝。即便在人生中隱藏著特殊的意義，也無法改變「時間」的長度，就像一天當中有早、中、晚那樣，即使生命中總是波瀾不斷，但是在這個事實面前，任何人都無法改變這既定的事實。

有如晚霞喚不起太陽的昇起，阻止不了落日西沉那樣，人生永遠一去不復返。人們只能對「過去」反省、借鑒，但「未來」，永遠只是個未知數，人們唯一能夠掌握的，只有單純的「現在」。每個人皆能公平地面對這屬於自己「現在」的「一天」。

人生是一天接著一天的連續畫卷，有前天、昨天和今天，而明天接續著今天即將來臨。想要使自己的人生意義更加充實，就必須惜時如金、努力生活；要想鑄造黃金般的人生，就必須將每一天都變成宛如黃金般的精采時光。當每一天如黃金般的時光流逝之後，就能透過這漫長的人生旅程，發射出燦爛如金的光芒。

能否使人生燦爛如金的關鍵，在於如何有效地運用一天中的二十四小時。

無論你是個富豪還是個窮人，無論你是個偉人還是只是個平凡人，「時間」對任何人來說，都是平等而無私的。一天只有二十四小時，不會因人而異；反過來說，任何人都被公平地賦予了相同的光陰。

金錢可以借貸，但時間卻不可以任意挪用；金錢可以儲蓄，但時間卻不能留存，也不可能生出任何利息來，讓某些人一天的時間可以增加到二十五個小時。昨天浪費掉的時間，也不可能再拿到今天來使用，更不可能提前預借明天的時間，將它移到現在來。

就如同我用來寫作的時間，既不能把昨天的時間用到今天來寫書，也不能先挪用明天的時間，好增加書寫的內容。我唯一能做的，就是珍惜今天的二十四小時。

我一字一句地寫，能否使書中的內容化成黃金般的話語，打動讀者們的心，取決於我如何運用一天二十四小時中的每分、每秒。我認為，「時間煉金術」其實正濃縮在分分秒秒的運用方法當中。

大家都知道，一天是二十四小時，一小時有六十分鐘，一分鐘由六十秒鐘所構成。我想應該沒有人每天手上都拿著碼表計時，但無論此人有無意識到時間的流動，人生的時間都如同沙漏般，每分、每秒毫無保留地流逝而去。

每個人皆公平地被賦予了一天二十四小時。生來無一物的嬰兒，打從他成長開始，必然會在其如何運用時間的累積下，決定其人生篇章是否光彩耀目。

想要將人生化成黃金般璀璨的秘訣，就在於如何以時間去改變人生的質量。

## 二、時間中真理的流動

時間包含著善與惡、美與醜、真與偽等人類所能思及的所有事物，然而這一切最後都將隨風流逝。正如銀河中的繁星閃耀著生命之光，在時間的流動當中，亦包含著人類所有的人生要素，和整個人類歷史的精采篇章。

如果人們能夠眺望這流動的時間之河，必定會震驚不已。在那細長的時間流動軌跡中，填滿了森羅萬象的演變，有如一場動人的歷史劇，任何人都會為之撼動。

這並非是個比喻，在心靈歸宿的實在界（靈界）中，有一部稱為「阿卡莎記錄（Akashic Records）」的寶典，具有閱讀這部歷史記錄能力的人，即能清晰地知曉人類的歷史年輪。當認知了人類的秘史時，誰能不為之震驚！

這「阿卡莎記錄」若非是如來界以上的人則無法閱讀。換言之，非八次元或九次元的人，是不能閱讀「阿卡莎記錄」的。因為，知曉了人類歷史，即等同於知曉了佛的創造計劃，和看到了人類社會的未來圖景，所以這部寶典並非人人都能翻閱。

在近代史上，能夠在世上生活時閱讀這部實在界的「阿卡莎記錄」的人，有十八世紀北歐的神秘學家史威登堡（Emanuel Swedenborg）；近代則有人智學家魯道夫．史代納（Rudolf Steiner），這兩位都是八次元如來界的人。在耶穌．基督（Jesus Christ）的時代，著有《默示錄》的聖約翰（St. John），當時雖然他仍活在世上，但靈魂卻脫離了肉體，因而閱讀了「阿卡莎記錄」，從而將其內容記錄下來；聖約翰也是八次元世界的人。

由於「阿卡莎記錄」並非是以文字寫成的書籍，所以不是每個人都能夠清楚理解。只有獲得許可，這部記錄才能顯現成立體影像，在特定的人眼前展開。它是根據個人悟境階段的理解程度所構成的。大體上，像是在觀看概念性流動的場景，隨後，觀望者可以獲得各自的感受。所以說，聖約翰在新約全書《默示錄》中描述的人類未來圖景，還只是一個概念性的片斷，尚不完整。但事實上，他確實看到了從二十世紀末到二十一世紀初，人類將面臨的危機圖景。

現在，居於八次元世界的以利亞（Elijah）、聖約翰和諾查丹瑪斯（Michael Nostradamus）等靈人，擔負著管理「阿卡莎記錄」的責任。居於九次元宇宙界，掌握這部記錄鑰匙的是喬達摩・悉達多（Gautama Siddhartha）和耶穌・基督（Jesus Christ）。

然而，時間的計算並非僅能以三次元世界的鐘錶來計算，它其實更像是現實生活中的雷射光碟旋轉時所傳送出來的音樂。

比如說，在一個光碟上燒錄兩個小時的古典音樂，這兩個小時的時間即被封閉在一個靜止的物體當中。當這個光碟旋轉時，兩個小時的音樂便可以原音重現。所以如果有能力在看到光碟的紋路時，就立刻知曉兩個小時的音樂內容，此人即如同能夠在一瞬間，將兩個小時的音樂聽完。而一般的人是做不到這一點的，只能在光碟旋轉時，用同樣兩個小時的時間來欣賞這些樂曲。

時間的奧秘和對人類歷史的理解關鍵即在此。

具體而言，過去的歷史是已經旋轉完畢的許多張光碟，而未來的歷史則是尚未播放過的光碟。普通人在光碟尚未播放時，根本無從得知光碟中的具體曲目；能夠從光碟面上看懂曲目的人，就可以明確地知曉人類的未來。

這部「阿卡莎記錄」並不僅僅是一部人類的歷史記錄，其中也儲存著每個人的靈魂記錄，每個人都有一個「想念帶」（編注：靈魂記憶光帶）。高級靈可以在閱讀了生活在世上的人的「想念帶」之後，而知曉其過去、現在和未來；這就是時間中的真理流動。

## 三、想念帶的奧秘

釋迦牟尼曾經在其教義中詳細地闡述有關「業」的法則；耶穌基督也用「自己撒下的惡種，要自己割除」的比喻，講述了這個法則。此外，在現代也有人引用物理學法則，以「作用力和反作用力」的說法，論及了這個「業」的法則。

以下就讓我們來認識這個法則與人類「想念帶」之間的關係。

自古就有「善有善報、惡有惡報」這類因果報應等耳熟能詳的說法。許多人認為，這個說法是以道德的立場為出發點，是為了建立人類舒適的共同社會空間為目的所產生的說教，但實際上並非如此。人的「心」並非僅僅單純地依賴道德觀而存在，而是在「佛光物理學」的基礎上被創造出來的。

所謂「佛光物理學」，意味著大宇宙存在於佛的意志之下；大宇宙的法則是在佛光的物理法則支配下運作的。具體來說，這個思維方法指出，支配著貫穿三次元和多次元宇宙空間的法則，最終歸屬於佛光的性質，而此思維方法得到了眾多在實在界物理學家們的支持。

在佛光物理學之中，有三個基本的論點。

第一個論點：當「佛光」與具有親和性質的光交會時，其光能便能得到增幅，而「佛光」

與排他性質的能量相遇時，其光能則會避開、擦肩而過。

這就是耶穌所說的：「擁有者將繼續接受給予，非擁有者將繼續被剝奪」的真意所在。其真相，即是與佛光有親和性的人能夠繼續得到恩賜，與佛光有排斥性的人將漸漸失去佛光的照射；也有另一種解釋說：「當心靈佈滿了污垢而不淨化時，即使有燦爛的佛光照射，但其污垢將遮擋佛光，形成了人生苦惱的原因。」

釋迦牟尼曾教誨人們：「一切苦惱的根源，都是來自於肉體煩惱所構成的執著，如果不去除執著，（將無法接受佛光的照射）即不能獲得真正的幸福」。

摩西（Moses）以十誡向人們提示：「只要『棄惡取善』就能夠使與神光的親和性顯現出來。」孔子亦在其訓諭中指出：「追求幸福須合於天意，此為君子之道。」

如此來看，在人類史上的偉人說教，均涉及了與佛光的親和性和排他性有關的佛光物理學的第一個命題。

第二個論點：藉由佛光的凝集及擴散，隨之創造和破壞則得以呈現。換言之，藉由念力，讓佛光具有目的性的凝集，靈性實體則得以顯現。若這波動更緊密的結合，物質即將出現。反之，一旦這具有目的性的意識消失，那麼物質將失去其形態。一旦佛光擴散，即使是靈性實體也會因此而改變存在的性質。在大宇宙之中有這樣的物理法則。人靈創造的過程和人體創造的過程，都能夠在這佛光物理學之中，根據光能的凝集、擴散法則解明真相。

第三個論點：佛光具備著波長。高波長與高波長相通，低波長與低波長相通。在這多次元空間的大宇宙之中，存在著傳達佛光意識的念波。然而，這個念波只能和具有相同波長者相通。

因此，若世上的人不具備與高級靈同樣的意識，就不可能與高級靈相互感應；容易與低級靈產生感應的人，則是因為具有與低級靈相同的波長。假如某教團的人誇耀說：「本教團裡有幾十人，能與如來界通靈，有幾百人能與菩薩界通靈。」那只能說是完全的曲解，或者說這種見解是個很嚴重的錯誤。

生活在世間而能與如來界靈人進行交流的，只有具備了如來靈格的人。在日本能與如來界意識交流的人有多少呢？只有史前的天御中主神，除了日本武尊以外，有聖德太子、空海和哲學家西田幾多朗等少數人。親鸞、道元等均是菩薩靈格。在現代新興宗教的教祖當中，幾乎沒有如來境界靈格的人，即使是正派的宗教家，最多也只是具有六次元光明界靈格的人，可以說有十之八九的人，都在受著地獄惡魔的困惑。

以上是我對佛光物理學的三個論點所做的論述。

接著，我們必須更進一步理解的問題是：「人的實體也是光子體，內含與佛光同樣的性質。」關於這點，也可以分成三個論點來闡述：

第一個論點是：若能保持愛、善、美、真等與佛光有親和性的心靈狀態，那麼幸福的人生即在眼前；若心中充滿了憎惡、憤怒、嫉妒、猜疑、牢騷、利己主義等狀態時，排斥了佛光，將招致不幸的人生。

第二個論點是：持光明思想，不僅能使心靈健全，也能使身體健康。反之，心中的惡性意念會製造出病態的念波，最終會在身體上出現病症，尤其是癌症。疾病的產生是病態念波的現象化，若把心念調向吸收佛光的方向，保持光明的意念，癌症現象必會消失。

第三個論點是：若能改變心性，將心調到與高級靈的波長相同，幸福必至。但心的波長與低級靈相通時，無疑的便會漸漸走向不幸。

人心，是佛光在具有一定目的意識下凝集而創造出來的，並且在其意念光帶的部分，形成了一種記憶磁帶，上面覆蓋著佛的磁光。在這個記憶磁帶上記錄著每一個人從過去到現在所思、所為的一切，與佛光有親和性的記錄會呈現金色，拒絕、否定佛光的記錄則呈現灰色；所以只要看看這個想念帶，是金、是灰便一目了然。

歸根究柢，「業」的法則，是指想念帶的顏色，它能夠決定你將過著怎樣的人生。在想念帶上，閃現著許多金色光芒的人，其人生也必定是金色的人生，即走向了光明菩薩的人生修行道。而灰色部分占大多數的人，其人生也必定顯現為灰色，即預示著有地獄嚴酷般的試煉正在等待著此人。

但是，這個想念帶有個神奇的奧秘。這個奧秘是什麼呢？即使自己寫下的記錄是灰色的，但如果透過對自己的心念和行為做深刻的反省，這個灰色的記錄就能夠改變成金色的。這是事實，只要透過徹底的懺悔、改變心念，人生中便能閃耀出金光燦爛的光芒。

## 四、燦爛如金的未來

在想念帶上，記錄著人從過去世到今世直至現在的所有一切，並且，這個光帶本身內含著「業」的法則。

有如一部樂曲不會突然走調，每個人的人生旋律也有一定的節奏和音質，無論從想念帶的任何部分選取一節，都不會出現極端的差異。根據真理基準，心懷愛和慈悲，並透過具體的行為表現出來，這部分的記錄，就一定能用金色文字書寫而成。

但如果總是說著否定性的話語、讓他人產生不幸的想法和行為的人，其記錄將是暗淡的灰色；在大發雷霆時，其記錄是像被血染紅了一樣的赤紅色；變成了情欲的俘虜，淪為不道德行為的奴隸時，其想念帶上將留下粉紅色的印記；總是尋找他人的缺點和錯誤的人，其暗淡的意念，則會留下像爬蟲類動物的眼睛般的綠色記錄；像墨汁般濃黑的深藍色記錄，是膽怯、尋求憐憫、杞人憂天、自尋苦惱和不安等意念造成的；內心持有病念，總是向別人訴說自己病痛的人，其想念帶上將留下如泥土般的暗淡顏色。

由這些赤紅色、粉紅色、綠色、深藍色、泥土色等各種顏色混合而成且難以形容的顏色，即是被覆蓋著毒素般的灰色記錄。若自知自己的記錄已成灰色，就必須要徹頭徹尾地改變人生觀，使自己的人生記錄轉變為金色。如果沒有徹底真心悔改，也就不可能有金色的璀璨未來。

要迎接閃亮的未來，就只有在自己的想念帶上刻下金色的文字。這必須要使自己的內心和行為充滿光明的思想；即使過去有灰色的記錄，只要透過正確的反省，是可以逐步將其轉換成金色的。隨之，在保持正確的心念和做正確的祈禱的生活態度下，未來也將能燦爛如金。

## 五、真實的自我實現

當你思考如何去創造燦爛如金的未來時，必然要涉及到自己怎樣去做自我實現的問題。在現代社會中，有各種自我實現的方法正在盛行，尤其歐美國家提倡和推廣自我實現與成功法則等觀念，這在日本和亞洲地區也產生了廣泛的影響。

從真理的觀點出發，這個自我實現與成功法則具有兩種面相。其一是正確的一面；在自我實現的法則當中有一個方法，那就是為了使願望具體實現，可以在心中描繪出視覺性的理想圖景，若是每天皆能強化這種心念，有時就會藉著出乎自己意料之外的方法，使這意念在現實當中實現。

的確，就法則來說的確是如此。實際上，在靈界當中利用心念和祈禱來自我實現，並不是什麼稀奇的事，所以若把這個實在界的法則應用於三次元世界，即成為自我實現的法則、成功的法則和實現願望的法則。

但在三次元世界仍然存在一個問題，即：法則歸法則，它是否正確，則取決於使用這個法則的人的心境究竟如何。要知道，錯誤的自我實現，就如同坐在直達地獄的特快車指定席上。

明確地說，在自我實現時，要檢查自己奮鬥的方向，究竟是通向佛境、天國的方向呢？還是奔往魔界、地獄的方向？正確的自我實現，必須具備下列三項要件：

一、自我實現不僅能給自己，更能給周圍的人們帶來幸福。

二、自我實現的結果不會導致他人的不幸。

三、自我實現應該與提高自己的人格相連結。

如果能夠完全具備這三項條件，你的心願就是正確的心願，你的祈禱就是正確的祈禱。強烈的心念和祈禱，無論其種類、內容如何，其波長一旦發射出去，四次元世界以上的靈人必有所感應。然而，若是不顧他人的利益，而導致他人的不幸，在自我欲望的實現之中進行祈禱，那麼回應你的將是地獄的亡靈。所以，在暗淡的意念下即使一時之間似乎有了好運，也必定會被地獄靈附身、操縱，最終陷入疾病、失敗和人生僵局等不幸的狀態之中。

在祈禱當中，包括著疾病痊癒的祈禱，如果不向佛懺悔自己的過錯、不充分地反省、沒有感謝曾幫助過自己的恩人，只想到自己趕快痊癒就好，在這種執著滿腹的狀態下祈禱，那麼，在結果上只會加重地獄靈的附身狀況，進而使病情加重；這種事情在現實中經常可見。

相同的情形也適用於自己能夠發財、能夠晉升就滿足了的祈禱。所以，這就需要在事前認真的思考：如果自己的經濟富裕了、如果自己晉升了，下一步應該怎樣做呢？如果自己有了晉升的機會，就應該為更多的人創造利益，這才是正確的心願。如果在自己坐上了上級的位置之後便傲氣凌人，這種態度是不正確的。如果只是想賺大錢，過比別人更舒適的日子，在人生路上就會亮起紅燈。把財富用於正確的人生目的，才能取得人生的及格分數。

成功和繁榮的本身並不是惡事，佛心中包含著成功和繁榮，重要的是必須始終保持著正確的人生觀，心懷正確的使命感和目的意識。正心之人可獲得大成功、大發展，並且能夠為人類帶來希望與光明。我想在此告誡人們：「必須注意自己願念的性質。」

如果把心念與地獄靈的波長苟合的情況除外，自己想成為有超能力的人，想做出一些別人做不到的奇蹟，這樣的心念將會如何呢？這類的心念將與靈界的天狗、仙人界（編注：「裏側」世界。參考大川隆法著《太陽之法》華滋出版）相應，最後會被這樣的靈所支配，導致做事奇特，被世人看成是奇異的怪人。

例如：以念力讓湯匙彎曲、空中漂浮、算命、卜卦、施催眠術等行為，多半是得到靈界的天狗、仙人的協力，甚至有時會被惡魔見機乘虛而入，天國「表側」的高級靈對類似事情是絕不會關心的。在日常生活中對人們持有愛心，以創造更廣泛的幸福為目的的自我實現之祈禱，諸高級靈是能夠認同的，隨之，和諧、寂靜、美好的世界也必會展現出來。請讀者諸君將這個重點銘記在心。

## 六、愛的橋樑

對於如何進行自我實現的問題，已從多方面進行闡述。人誕生在這個世界上最真實的目的，就是為了做好人間修行的工作，磨練自己好讓自己能夠不斷地向上和進步。

經常性的進步，就是經常性的自我實現，和經常性的向上提升並且邁向成功。但是在自我實現的過程當中，還有一個困難點，那就是會有單純追求個人的利益和幸福，而不顧他人幸福的危險性存在。

因此，當你越是希望能夠自我實現，就越需要把愛的重要性銘刻在心中。要想獲得更大的自我實現，就越需要在心中充滿更多的愛。在自我實現上越是取得進步，就越必須檢查在這個發展之中是否包含著愛。對這個問題可以參考拙著《太陽之法》之中所講述的「愛的發展階段論」。

在愛之中，有「愛慕之愛」、「勉勵之愛」、「寬容之愛」和「存在之愛」等四個發展階段。當一個人在愛的階段登高了一階時，此人的愛也將隨之加深和擴大；這也是一個人的人格完成之道與自我實現的階梯。

若想把在人世間追求到的名利、地位和財產帶回靈界，那是完全無用和枉然的奢望。即使是總統或是政商名流之輩，如果死後落入了地獄，那些地獄鬼也不會因為看到了這些人的官銜或財富而拜倒在其腳下。如果有幸返回天堂，也不會再有使用名片、彰顯自我的機會。在靈界唯一能夠通用的，只有一個。那就是此人的心，亦即此人覺悟的程度，亦即此人在想念帶上所留下的記錄。

這一世的權力與財富、榮華富貴，是不可能成為前往天國的護照，也不可能把遊艇、飛機、銀行存款和豪宅等等都帶到靈界去。如果落入了地獄，煎熬的火焰也不會因為此人在世時是個名人，因而將高溫降低一度。

名利亦如是；即便曾參加過什麼學術學會、文藝協會，獲得過什麼大獎，在靈界也都是無用之物。在落入地獄的人之中，有許多是生前做過部長、院長、博士、法官、檢察官的人，他們常會感到納悶：「結果不該是這樣才對啊！其他人落入地獄還可以理解，怎麼會輪到自己的頭上來呢？」這就是只謀求個人名利，不對他人奉獻施愛的最後末路。

宗教家也不例外；曾被外國政府表彰對世界和平有所貢獻的宗教人士，現在又是怎樣的情形呢？在我的靈視之下，有些所謂的宗教家，很明顯地是墮落在無間地獄的底層，一副頭痛得直翻滾、狼狽不堪的模樣。因為此人在生前傳授了錯誤的教義，誤導了人們，所以後來的弟子對此人越是尊敬，此人在自己的良心譴責之下就越是疼痛難忍。

我幾次靈視，看到曾經宣稱：「任何人都可以做到如耶穌基督所做出的奇蹟」的所謂宗教家，在火焰地獄裡痛苦喊叫的樣子。雖然說他曾經讓許多世人有了靈性的自覺，這是他的功績，但若沒有得到天上界高級靈的助力，就不可能接受佛光、淨化去除地獄附身的惡靈。因此，要接受高級靈的指導，就必須磨練心靈，具備與高級靈交流的清淨心境。

從這個意義上來說，任何人都能成為「與耶穌基督有同樣奇蹟能力的靈能者」的這種教義，在理論基礎上就出現了錯誤。在被惡靈附身的人之間，是不可能相互施予光明的，人們必須在這個問題上覺醒！

因此，選擇了做宗教指導者的人，其自我實現之路是非常嚴格的。尤其是只強調追求現世利益的宗教，應該聽到警鐘正在鳴響！

要磨練心靈，第一步必須要以「愛」作為靈性存在的真正自己，但這個「愛」不要只停留在自我個人的狹隘範圍內。如果是真正地愛自己，就需要施愛予他人。愛是佛的恩賜，所以千萬不要據為己有，應該與他人共享。這可以使愛有如飛虹，架起愛的橋樑。這就是「愛之橋」的真正意涵。

## 七、人生的奇蹟

人，只是為了累積平庸歲月而存在的嗎？只是為了如螞蟻築巢，而東奔西走庸庸度日而存在的嗎？

當然不是！因為人信仰的佛，是愛之佛、慈悲之佛，所以佛恩賜給人們高於螞蟻的存在機會，並且恩賜給人們在人生當中，有起死回生的機會，也恩賜給人們覺悟的機會。

什麼是覺悟的瞬間？我們可以說那是指人生中奇蹟般的瞬間。

譬如，近視的人必須到眼鏡行配戴適合自己視力的矯正眼鏡，或者配戴合適的隱形眼鏡，這樣就不會在生活中感到不便。

但是，當自己的心看不到真相、看不到人生的目的、看不到心靈的世界、看不到不懂佛心的無知的自己時，在這種狀況下，實在很難生活得心安理得。不知真理，何以安然！我們必須認知，在自己的心靈之眼上，可能戴著好幾重的有色眼鏡，若不摘取它，怎能過開明的生活？怎能知曉世界的實相？更不可能看到相應的高級靈。

戴著有色眼鏡的人，都是些什麼樣的人呢？

就以醫療行業來做說明。醫生是把探求人的生命作為職業使命的行業，必須經常面對在死亡線上掙扎的病患們，這是醫生的工作。但我們是否想過，在現代，有許多醫生對於死亡的意義都無法解釋清楚，連人處於何種狀況之下才算是死亡的瞬間，也說不明白。大多數的醫生都認為人的腦死、大腦機能一旦停止了，人便等於死亡，這實在是個大錯特錯的謬誤觀念。

人死亡的瞬間，指的是靈魂離開了肉體，當肉體與靈魂相連結的靈子線斷裂之時。除此之外，再沒有什麼時候可以稱作死亡的瞬間了。一般來說，靈魂離開肉體，是發生在心臟停止跳動的數個小時之後，甚至需要一天左右的時間，靈子線才會斷開。即使從外觀上看，肉體機能彷彿都已經停止，但靈體在一定時間內仍舊躺在肉體之中，靈體的心臟也在持續地跳動著。

可是醫生大多不知道這個事實，等腦波停止跳動之後，便立即摘取其內臟器官，或眼睛的一部分，移植到別的患者身上。作為醫生，可否知道這種無知的行為，將會給安寧死去的人，造成怎樣的驚恐和混亂嗎？這種驚恐是莫大的痛苦，移植行為不僅妨礙了其靈魂走向靈界的旅途，而且也給前來迎接的守護靈的工作增添了很大的困難。不知靈魂實相的內臟器官移植手術，不算什麼醫學的進步，它屬於否定靈魂尊嚴的唯物論醫學。

作為醫生更應該要努力學習探究靈魂的本質，應該認識到，肉體機能停止時，靈魂尚存在著具有同肉體一樣的形態，靈體的心臟、胃、手和足亦有完整的機能。

再舉一個有關僧侶的例子：有些僧侶，並不相信死後有靈魂世界的存在，只是為了要獲得經濟上的收入而幫人唸經，這是相當荒謬的，然而在現實生活中仍有不少這樣的僧侶存在著。僧侶的真正工作，是要引導準備步入靈界、尚在徬徨的靈魂前往靈界，這才是超渡的真正意義。

只是透過形式上的誦經，是拯救不了死者的。應在覺悟了經文的內容之後，再把這個意念傳達給死者。此外，還應對死者的家屬講述人生的目的和使命，使他們不要過於悲哀，這才是僧侶最重要的工作。如果在死者家屬心情尚不安定時，就像介紹商品那樣，根據價格亂定法名的高低，拼命地賺錢，這是不被容許的。況且，任何一個墮入地獄的靈人，不會因為後人幫此人花了幾百萬取了一個法名，就和緩了地獄之苦。

拯救靈魂脫離地獄之苦的基本條件，是死者自身需要醒悟自己在人生中的錯誤，反省並向佛表示悔意。也就是說，落入地獄的責任在當事者本身，而不在其家屬身上。死者的家屬應開朗、快樂地面對生活。這樣才能使死者的靈魂安心，並使其醒悟到自己在人生中的錯誤，這樣做才更具意義。繼而，努力做佛道修行，獲得力量和覺悟之光，並迴向給死者之靈，將佛法真理之光傳送給迷惘中的祖先，以自身的佛道修行之姿，感化迷惘中的祖先，這是先決條件。

除了醫生和僧侶，還有許多戴著有色眼鏡的人。例如：法官。法的本身並非要拿來審判人，法律是經過人們的協議所制定出來的規範，不能審判人的靈魂之過去。無論是古希臘的法律概念，把在實定法之上的根本法之最高形式稱之為NOMOS，還是稱之為NOMOI（NOMOS的複數型），那是專家的自由，但至少不應該忘記法的根源在於佛法真理。「法制」的真實意思是指「佛法制」。所以，法官也同樣應該探究佛心，而後再做裁決的工作。

有些學者，試圖把人的罪過做點數化、數量化，據此來定人的罪，這是完全錯誤的理論。我也曾經靈視過，有個曾是最高法院的法官，當他落入地獄後，在良心的譴責下痛苦萬分。他生前絲毫不信有靈魂世界的存在，還曾經嘲笑靈魂存在說，在這種心境下判決別人的對錯，導致自己死後在良心上對自己的無知感到痛苦。

無論是法官、檢察官還是律師，都應該學習正確的佛法真理，以正確的心態面對訴訟案。真理是一個法則，自己對真理無知，這是沒有辯解餘地的；應該摘下有色眼鏡去面對工作，這種茅塞頓開的瞬間，即是發生人生奇蹟的瞬間。

## 八、正確的職業觀

多數人在此生當中的大半時間，都是用在從事某種職業工作上度過的。德語是用「Beruf」一詞來稱職業，它指的是「神命、上帝的旨意」的意思；透過職業工作而知曉自己的天命，並努力完成所有應該完成的工作，便是自己的使命。

對於那些總是在喊「上帝啊！上帝啊！」的人，也未必都能上天堂；口中經常唸著阿彌陀佛的人，也未必都能前往西方極樂淨土。多數人在日常生活中很少與宗教發生深刻、密切的關係，多半是在患病、新年、葬禮、法會以及相親……等等事情發生時，才有緣份多多少少接觸到宗教。

我並非要指責這些人心中沒有真正的信仰，但是我認為，與其投身於錯誤的宗教當中，因而失去了家庭的幸福、財產、健康和心靈的尊嚴，倒不如單純地持有正確的職業價值觀，走光明正派的人生道路，起碼這是一種非常賢明的生活方式。其實在科學家、企業家或藝術家等這些人，即使這些人未察覺到心靈世界，但許多人實際上已經具有高級靈界的靈格。

譬如，物理學家愛因斯坦（Albert Einstein）博士就具有八次元如來界的靈格，他在靈界亦在鑽研實在界的物理學。日本物理學家湯川秀樹博士現在也活躍在七次元的菩薩界。數學家岡潔博士現在於菩薩界，研究著「數學之美與覺悟之美」的課題。

以著作《知性生活》（The Intellectual Life）而著名的思想家哈馬頓（Philip Gilbert Hamerton），是七次元菩薩界的人。英國著名科幻小說家H・G・威爾斯（Herbert George Wells），也在菩薩界裡研究著未來科學。日本大文豪夏目漱石在回到菩薩界之後，仍然發揮著他的文學才華，近來他在七次元世界著作了一本名為《愛與美的生活》的小說，受到了好評。

在企業家高級靈之中，有汽車大王亨利．福特（Henry Ford）；鋼鐵大王安德魯．卡內基（Andrew Carnegie）；還有石油大亨約翰．洛克斐勒（John D. Rockefeller）等人；他們現在都在七次元菩薩界裡專心致力於「現代社會和經營的課題」。

在藝術領域則有畢卡索（Pablo Ruiz Picasso），他現在活躍於七次元菩薩界上高層的梵天界；在音樂領域中的巴哈（Johann Sebastian Bach），正在八次元如來界創作天堂之曲；莫札特（Wolfgang Amadeus Mozart）在菩薩界譜寫有關基督教系列的音樂曲目；而貝多芬（Ludwig Van Beethoven）雖在七次元菩薩界的下層，但他已擺脫了激情的音樂創作，把成為一個創作喜悅之音的音樂家當做自己努力的目標。

在此，順便把其他音樂家的靈層明確地記錄如下：

韓德爾（Handel）——如來界；

華格納（Wagner）——菩薩界；

舒伯特（Schubert）——光明界；

蕭邦（Chopin）——梵天界；

柴可夫斯基（Tchaikovsky）——光明界；

馬勒（Mahler）——如來界；

韋瓦第（Vivaldi）——菩薩界；

布拉姆斯（Brahms）——光明界；

布魯克納（Bruckner）——光明界。

音樂愛好者可以仔細深入聆聽這些音樂家的每首樂曲，探索一下他們究竟是怎樣運用音樂來表現覺悟心境的。從舊蘇聯聯邦到西方國家求得政治庇護的天才鋼琴家布寧（Stanislav Bunin，現在仍活躍在國際音樂舞台），他具有菩薩界高級靈的靈格，蕭邦是布寧的指導靈。他必須對過去唯物主義的蘇聯民眾，從藝術的角度去播撒真理的種子，這是天上界的計劃。

因此，高級靈並不一定是宗教家。具體來說，降生在今世的諸高級靈，都在各個方面從事著不同的職業，同樣在肉體修行上精進。他們走在各種工作行業的最前端，以佛心為己心，努力過著有益於世人的真理實踐生活。這就是有些無論如何都不相信靈魂世界存在的人，和一聽到宗教就會過敏的人，也能夠過著以真理法則為根據的生活方式的原因所在。

## 九、向光榮的終點衝刺

只要努力去創造黃金般的人生，就是在朝著光榮的終點接近。黃金般的人生，就是光輝耀眼的人生，也就是光明。

人的靈魂在轉生到這個世界之前，各自生活在屬於其存在的靈界層次、次元世界之中。可是一旦宿於母體胎內，成為嬰兒誕生下來之後，所有的人都將是平等的，也都站在同一條平等的人生起跑線上。人之所以必須忘卻過去世的記憶，實際上也是為了要讓每個人的靈魂修行，有一個平等的開始，這是佛的恩典。

假如有一個孩子，記起了自己的過去世曾經是米開朗基羅（Michelangelo Buonaroti），或是李奧納多．達文西（Leonardo da Vinci），這是否就能使這個孩子的人生幸福起來呢？即使這個孩子的才華與自己的過去世完全相同，同時也履行了藝術家的使命，但過早地知曉自己的過去世、並不意味著他的孩童時代就一定會是幸福的。畢竟他還是必須與普通的孩子們一樣，開始時用並不靈巧的雙手，拿著蠟筆畫牛、畫馬，並且在小學老師的指導下開始學習作畫。隨著年齡的成長，逐步認識到自己擁有特殊的繪畫才能，最終才能走上藝術家的道路。對於一個靈魂的成長來說，這種模式更能體現出磨練的意義。

同樣，耶穌．基督也沒有必要非做聖母瑪麗亞（Virgin Mary）的孩子不可，也沒有必要在出生時就與其他孩子孑然不同，當然更沒有必要以救世主獨特的方式誕生；釋迦牟尼也沒有必要從摩耶夫人（Queen Maya）的腋下誕生。即使是救世主，也同樣是在跟普通的孩子們一起玩耍、一同學習的過程當中，逐漸對人生產生了疑惑，在尋求人生答案的修行中，醒悟到了真實的人生意義，獲得了大悟，並以此來拯救世人；這才是正確的人生修行方式，才能成為真正的救世主。

從同一條起跑線開始起步，隨後成為多數人的領路人，如此成長起來的人，才可以成為優秀的指導者。如果做指導者的人，可以站在眾人之前一百公尺的起跑線上起跑，隨後對後面的人說「落在後面的人們，快跟上來吧！」後方的人豈不是很容易就失去了動力嗎？因為大家的起跑點不同，意謂著終點線的長度必然不同，這樣就失去了人生歷練的公平性。

為了到達光榮的終點，最關鍵的事情是要做出努力，不付出任何努力便想成為偉人是絕對不可能的。無論是多麼偉大的人，他們都曾與人們同處於一條平等的起跑線上，經過了努力之後才會成為偉大的人。人的偉大，在於心地開闊，志氣高昂，這都需要經過種種人生的磨練。人們的人生目標應該是努力接近佛的境界，別無其它終點。

能夠「接近佛之境界的人」，是根據自己成長的環境、教育、思想、信條、習慣、能力和才能等等，形成了各種不同的形象。真正的近佛者，好似在佛的七色光照射下體現出各種不同的形象。所以每個人都必須要認真思考：「自己應該要以怎樣的方式生活？怎樣做才能完成自己此生的使命？」這才是接近佛之境界的意義所在。

對於那些認為人的生命有限、人死之後便一了百了的人來說，其思考的深度也只能在有限的範圍內尋找可能性；但對於確信人的本質是不滅的靈魂與生命永恆的人來說，人生只是為了要更接近佛境的階梯罷了。

因此，這個問題，不是信與不信由個人自由判斷的問題。實在界的存在，讓人具備了永恆的生命，是毋庸置疑的真相。也就是說，究竟是要把光榮的終點當成目標，還是要像腳踏草鞋，不斷尋尋覓覓直到磨破了為止，凡此種種，都需要你的智慧去做出選擇與判斷。

## 十、不死與永恆

人究竟為何要被欲望所牽制？

在情欲的背後有動物性本能的生存欲望。做為人，當然會希望生命能夠繁衍、連綿不斷，而不願讓生命的延續斷絕。

在名利、地位的背後究竟是受到什麼樣的欲望驅使呢？也許有些人希望自己的知名度能夠得到提升，有些人的願望則希望自己死後能在歷史上留下盛名。

在金錢欲望的背後，有些人的願望是盡可能滿足眼前生活的物質享受，以此來證明自己的存在感，並且陶醉於其中。在生活中享受著閃亮奪目的珠寶、豪華的轎車、豪宅等物質，便以為自己似乎能夠產生永生的存在感。

以上的凡俗願望，在人的欲望背後，便是對「永生不死」的渴望。直接了當地說，人都希望有個健康的身體，想在這個人世上活到一百歲、五百歲，甚至一千歲，但現實上這是不可能的事情。於是便換了另一種形式，去追求永生不死。也就是說，不願死去的心情，便是欲望歧途的動機所在。

即使個人脫離了不死的願望，這個願望仍然會延續在人群的集合體當中。在公司裡有祈禱永不破產的職員，這不就是為了想保有家庭安泰，且永遠有一份安全俸祿的現代劇嗎？但至今，百年不滅的企業卻寥寥可數。

此外，人們也會為了本體不明的國家名號，而不惜發動戰爭、捨棄生命。儘管大家都知道，當人都死光了之後，也就不可能再有國家的存在，但為了國家不滅，也會努力滅私奉公。

就像這樣，無論是在私人企業的經濟單位，還是在所謂國家的政治單位，人始終都是在不斷地追求永生不死這樣的虛幻概念。但這究竟是為了什麼呢？這是因為人的肉體必然要死亡，人在死亡的面前都是平等的，無論是何種人都必有一死，這個平等的終結是個嚴肅的事實。是國王、貴族也好，是美女、官僚也罷，任何人都難免一死。因此，人們更渴求著永生不死，為追求名利和地位而東奔西走，但這些都只能獲得一種虛幻的錯覺。

當人們對永生不死的願望淡薄了，於是便會把這個願望轉向政治、經濟等活動上面，也就是說，即便個人死了，但公司卻能永續經營；個人死了，但必須確保政黨不滅，人們總是試圖在這些方面尋找出路。但是非常遺憾，雖然曾經是個獨攬大權的公司老闆，但退休二十年之後，公司裡的人可能連他的名字都想不起來；就像這樣，永生不死的願望便會完全破滅。

古羅馬曾被稱作是「永遠的帝國」，但也只存續了幾百年就滅亡了。為了保衛永遠的羅馬帝國而流血的士兵們的靈魂，至今徬徨在何處呢？總而言之，在人世間不僅個人得不到徹底的永生不死，企業、國家也不會長存不滅。

「永恆」雖然與「不死」極為相似，但本質上卻是截然不同的兩種意義。雖然人們在「不死」的願望上斷了念，但仍然有「永恆」作為希望的延續，這個「永恆」即是在生活中實踐真理的姿態。在人世間沒有不滅的事與物，但真理的實踐者存在於永恆的時空之中，生活於永恆的現在之中。真理即意味著：人本有佛性，是輪迴轉生之中的永恆生命。事實上這個永恆的生命是為了磨練靈魂，才一世又一世持肉體降生於人世間的。

與真理同在才能破解死亡魔咒的束縛，才能在永恆的時間和天空中翱翔。人不應該自定生死，不應該把自己的生命當作是一次性的有限物質，用過就沒有了存在的價值，更不是那個最後被收納在墓穴中的尸骨，那種可憐的樣態。人在肉體死後，靈魂生命是自由自在的存在，所以不要固執不死的願望，應該進入永恆的人生大道，那裡才有真實的生命大河。

# 第二章 馳騁大地

# 第二章　馳騁大地

## 一、唯物論的咒縛

本章將從思想方面深入探究真理。

有一本書，書名是《開放的社會與其敵人》（The Open Society and Its Enemies,1945），作者是二十世紀中葉的哲學家卡爾．波普（Karl Raimund Popper）。波普在書中對「柏拉圖的咒縛」做了很多講述。首先讓我們對何謂「柏拉圖的咒縛」進行解釋。

將人類從原始、無知愚昧的迷信社會，或是單純的崇拜自然界神祉的觀念中解放出來，使人們能夠走向更開明的合理社會，這就是哲學家應該做的。

卡爾．波普認為：「儘管如此，但希臘的柏拉圖（Plato, 427—347 B.C.）還是把靈魂信仰，以及像原始人般信奉單純的靈魂轉世輪迴的思想搬了出來，這使得不易走進有陽光照射世界的人們，心靈再次被咒縛，封閉在幽暗的洞穴之中。」

波普認為，只有實證、合理和科學性的世界，才是「開放的社會」。他由此斷定用靈魂和心靈世界來咒縛人類，只是把人類封閉在愚昧主義之中，是屬於「封閉社會」的哲學思維。

卡爾．波普使用了龐大的研究時間和畢生的精力，執筆寫下這部重要的著作，做出的努力雖值得敬重，但坦白說，其思想理論是錯誤的。從結論上來說，從合理的角度上來看，將人們引向封閉世界的人是波普，而引導人們走向開明世界的卻是柏拉圖。

柏拉圖是誕生在希臘的偉大光明指導靈，是八次元如來界的高級靈。他恰如其師蘇格拉底（Socrates, 469—399 B.C.）那樣，能在生前就做到光子體脫離（幽體脫離），曾幾度涉足天上界，獲得了許多靈界的見聞。他指出，在這個現象界（人間三次元世界）的背後，存在著真、善、美的實相世界——理念（Idea）的世界。這個理念的世界才是理想的世界，才是高級靈居住的世界。這也是佛教所稱的金剛界或胎藏界等世界。

波普是根據在世間學到的知識和經驗，來構築自己的哲學思維。而柏拉圖的立足點則不僅僅侷限於世間，他還體悟了靈界四次元以上的世界法則，從而構築他的哲學理論。因此，從賢明讀者的眼裡，可以推察出究竟是哪一位在講述「開放的社會」？又是哪一位在講述「封閉的社會」？總之，把人的存在規範在世間之中的思想，便是封閉的社會哲學。相反地，把人的存在看作是轉生於世間和靈界之間的思維，才是開放的社會哲學。

柏拉圖明確地知曉靈魂世界，他在著作《斐多篇》（Phaedo）中，讓蘇格拉底在書中登場，明確地解說實在界的樣態以及靈魂輪迴轉生的結構。以蘇格拉底和柏拉圖為代表的諸哲學家們，透視到了以後的西洋文明將會充滿知性的色彩，於是透過理性和知性的觀點，講述了真理。

有關蘇格拉底的軼事與傳說不少，傳說他曾經在某地一整天絲毫未動。現代哲學研究者們對蘇格拉底究竟在冥想些什麼，興趣濃厚。其實，這個答案很簡單。那時，蘇格拉底的靈魂脫離出肉身軀體，前往天上界與諸高級靈談笑風生。雖然傳說中以現代人的觀點來看，他的妻子燦蒂柏（Xanthippe）是個壞妻子，但其實，她只不過是個極端現實的人，根本無法理解蘇格拉底那樣的「怪癖」而已。

## 二、希臘哲學的本質

蘇格拉底是西元前五世紀的人，他活躍的時代幾乎與印度的釋迦牟尼、中國的孔子同時。佛的計劃即是如此。在新時代的開創期，許多高級靈們便會集中在這個時期降生在世界各地。一個時代即將結束時亦復如此。

俯瞰人類歷史便可以發現，會有許多極其卓越的人不尋常地集中誕生在同一段時期，並且生活在以某個地點為中心的區域。比如，距今三千七、八百年前的希臘，那是宙斯的時代；二千四、五百年前的蘇格拉底時代，羅馬帝國時代的羅馬情形亦完全相同。此外，還有十七、八世紀的英國，十九、二十世紀的美國等等。

在日本亦有群星燦爛的時期；距今二千七、八百年多年前，以天照大神為代表的諸如來、菩薩層出不窮，推行了奠定大和基礎的神權政治；現在的皇室也屬於這個流系。

先回到有關希臘的話題上來；西元前八世紀左右，希臘以獨特的都市國家（Polis）和城邦為中心繁榮起來。西元前六世紀初，出現了聖賢梭倫（Solon）。他為了救濟貧苦的農民，調解貴族和平民之間的衝突，取消了借款契約、解放了債務纏身的奴隸，實施了依財產區分、給予參政權的改革措施。實際上，聖賢梭倫之靈魂，於後世的六世紀在日本轉生，即聖德太子如來。此外，梭倫的靈魂兄弟，亦在十九世紀的美國轉生，這就是完成了奴隸解放運動的大總統林肯（Abraham Lincoln）。

在希臘的柏里克利（Pericles）生活的時期，雅典甚為繁榮，並進入了民主政治的最昌盛的時代。柏里克利亦是具有如來靈格，其分身於十八世紀，在江戶時代的日本轉生，他就是斷然實行「寬政改革」的松平定信（1758—1829）。

隨後，便是蘇格拉底的降生；他講述了客觀、實在的真理以及知德合一的哲學思想，並透過問答方式為人們講解「知」的本質。後來，蘇格拉底的弟子柏拉圖，將理念（Idea）才是實在的觀念論哲學系統化，他對現實中都市社會的生活感到失望，在他的理想國當中，訴說哲人政治才是最佳的理想世界。雖然有人認為柏拉圖的理想國和哲人政治之說，導致了二十世紀共產主義國家的誕生，以及獨裁統治的看法。但實際上，現代唯物論與構成柏拉圖思想核心的靈界思想，是完全對立的關係，所以說這種看法是一種膚淺的見解。在探討柏拉圖的哲學思想時，把其否定財產私有和婦女共有化，看成是現代共產主義的先驅，這個問題，莫如去探討他否定了追求私利、私欲和自我的宗教性思維。這樣的理念可以說與佛教的無我思想、出家思想極為接近。

柏拉圖之靈，在十八世紀轉生在德國，名為黑格爾（G.W. F. Hegel, 1770—1831）。他完成了由康德發端的觀念論哲學，創始了生成、發展的邏輯與辯證法。他的《精神現象學》（The Phenomenology of Mind）、《邏輯學》（Science of Logic）、《法權力哲學原理》（Philosophy of Right）等著作極為著名。當其靈魂作為黑格爾降生在世時，其立場比較近似亞里士多德（Aristotle, 382—322 B.C.），他把重點放在適應近代社會的需求上，以合理、理性的方式講述真理。雖然黑格爾未能像柏拉圖那樣做到光子體脫離的境界，但在其著作《歷史哲學》

（Philosophy of History）之中可以看出，他對神的世界計劃有明確的認識；而在天上界指導他的高級靈則是蘇格拉底。

隨之，亞里士多德在希臘降生。亞里士多德批判了老師柏拉圖的理念論，講述了實體論。他把思想核心放在透過具體事實、把握普遍真理的科學方法上，奠定了諸學問的基礎。亞里士多德亦是如來，他的特色是重視邏輯性思維，在《形而上學》（Metaphysics）、《尼可馬克倫理學》（Nichomachean Ethics）、《政治學》（Politics）等主要代表作之中，明確地表現出這樣的傾向。

亞里士多德的靈魂在中國的宋朝轉生時，即是在禪宗中聞名的無門慧開。無門和尚著書《無門關》，對古人的公案禪四十八則做了書評和解釋，對「無」的境地做了清楚的解說。這位西洋哲學之祖，一轉身做了東方哲學的中興之祖。

亞里士多德在作為無門慧開轉生之後，以西田幾多朗（1870—1945）之名在日本轉生。西田幾多朗是京都學派的著名哲學家，他的思想核心，部分受到了自身前世的影響，把日本的「無」之境地作為建立哲學研究的方向。他的今世目標，是放在對東西洋哲學做辯證的止揚，構築「正—反—合」之「合」的哲學思想上。

由此便可以看到，希臘哲學不單純是形成了西歐學問的源流，並且在東方精神之中亦多有融入，從中可讀取到佛的偉大計劃。希臘哲學之本質，終究存在於「真理」之中。

## 三、永遠的羅馬

古希臘的都市社會最終還是崩潰了，時代轉向了帝政羅馬。西元前三世紀初期（295 B.C.），羅馬統一了義大利。西元前三十年，亞歷山大被攻陷，凱撒大帝（Julius Caesar）的外甥、屋大維（Gaius Octavian）統一了地中海地域之後，成了第一代皇帝奧古斯都（Augustus）。此後的二百年間，即是被稱為Pax Romana的「羅馬和平」時代。在此期間，羅馬一方面繼承希臘社會的傳統，另一方面，受到了耶穌·基督（4 B.C.—29 A.D.）的基督教影響。

在西洋史中，稱西元四七六年，西羅馬帝國被日耳曼民族滅亡為止的這段期間為古典時代。繼而，十五世紀，君士坦丁陷落、東羅馬帝國滅亡，人們稱這個時期為中世紀，其後便是近代了。這是一般性的見解，接下來，我將對曾被稱作「永遠的羅馬」的西羅馬帝國滅亡為止的期間，略做真理歷史概觀闡述。

初期在這片土地誕生的哲學家之中有一位叫西塞羅（Cicero, 106—43 B.C.）。西塞羅是共和政治末期的最後人物。他學習柏拉圖著書時使用的對話方式，撰寫了《法律論》、《國家論》和《義務論》等書。同時還受到了希臘斯多葛學派（Stoicism）的芝諾（Zeno, 336—263 B.C.）的禁欲哲學主義學說的影響，以自然法批判實定法，強調平等思想。西塞羅是七次元菩薩界與八次元如來界之間的梵天界的人，他在希臘轉生之後，在中國南宋時代再次轉生，名為朱熹（1130—1200），是一位思想家。他匯集儒學思想，完成了朱子學派理論。

另一位斯多葛學派的著名哲學家是塞涅卡（Seneca, 4 B.C.—65 A.D.），雖然透過塞涅卡的《論道德書簡》（The Brevity of Life）等著作，可以認識到他是個稍有厭世傾向的人，但他是菩薩界上層階段的人。其後，塞涅卡之靈魂，以叔本華（Schopenhauer, 1788—1860）之名在德國轉生，建立了獨特的厭世哲學。

在後期的斯多葛學派中有馬爾庫斯·奧勒留（Marcus Aurelius, 121—180），他是以著作《沉思錄》（Meditations），因而聲名遠播的哲學家；其靈魂在十八世紀的日內瓦轉世，名為雅克·盧梭（Jean-Jacques Rousseau, 1712—1778），他的各種活動鼓舞了法國啟蒙主義的發展。盧梭的《論人類不平等的起源和基礎》（Discourse on the Origin of Inequality among Men）、《懺悔錄》（Confessions）、《愛彌兒》（Emile）等著作非常著名，作為理想主義者，他一貫主張重視人的尊嚴。馬爾庫斯·奧勒留，即後世的盧梭之靈，是菩薩界上層階段的高級靈。

隨後便是普羅提諾（Plotinus, 204—270）的誕生；他出生在埃及，是羅馬時代哲學家的代表，創始了所謂新柏拉圖主義學派（Neo-Platonism）。普羅提諾在接受了柏拉圖影響的同時，並非立足於理想主義，而是標舉神秘主義的旗幟。針對柏拉圖的現象世界與理念世界之二元世界對立的世界觀，普羅提諾認為：「人的存在，在主觀和客觀分離之前本為一體，這才是存在的實相，才是神的存在。」他還倡導了三次元世界是從根源實在分流顯現的「流出論」。

這位新柏拉圖派的普羅提諾之靈，在後世的日本轉生，即說教生命實相哲學的「生長之家」首任總裁谷口雅春（1893—1985）。谷口雅春的前世是普羅提諾，而前前世是西元前七六〇年左右誕生在日本神話時代，日本九州附近的伊邪那岐命。伊邪那岐命是天照大神之女神降生人世時的父親。伊邪那岐命—普羅提諾—谷口雅春之輪迴轉生的生命體，現在位於靈界的梵天界。

在羅馬末期，人稱教父的奧古斯丁（St. Augustine, 354—430），也就是基督教系的大思想家降生了。奧古斯丁以《上帝之城》（The City of God）之偉大著作而聞名。奧古斯丁在孩提時期，信奉光明與黑暗二元論的波斯宗教家摩尼（Mani, 215—275）所創始的摩尼教，隨後在主教安布羅西烏斯（St. Ambrose）的影響下，接觸到了普羅提諾的思想，最後發展成為與「地上之城」抗爭，出現了基督教的「上帝之城」的思想。奧古斯丁之靈的來世轉生，是德國哲學家海德格爾（Martin Heidegger, 1889—1976），他是如來界的人，著有《存在與時間》（Being and Time）一書。

## 四、烏托邦思想

中世紀末，中世紀的思想開始崩潰，在臨近近代的黎明時，出現了眾多烏托邦思想的潮流；本節將對何謂烏托邦思想進行論述。

一四五三年，拜占庭帝國滅亡，其首都君士坦丁被回教徒佔領時，也同時意味著中世紀的結束。這時，西羅馬帝國已滅亡了將近一千年，普遍性的世界思想和基督教共同體的思想也隨之消沉，主權國家逐步形成。在這個時期當中，出現了許多具有代表性的烏托邦思想。

當然，烏托邦思想本身並非新思潮。譬如，起源於古猶太教、繼承了基督教的末日後將出現毫無煩惱之樂園、持續千年的千禧年思想亦是烏托邦思想。若繼續追溯，也可以追溯到柏拉圖的哲人政治理想國，那同樣也是一種烏托邦的理論。

此外，上述觸及過的教父聖奧古斯丁，在《上帝之城》之中亦講述了人間天堂、佛國土烏托邦的境界，可以說在內容上都表現了相同的意涵。雖然在形式上因人而異，但起源於諸高級靈的真意只有一個，即烏托邦指出的願景，那是將實在世界中的菩薩界、如來界等光明天堂，展現於世間的一種思想運動。

首先，在英格蘭的鐵器時代，即所謂第一次圍場時期，出現了具代表性的烏托邦思想家湯瑪斯．摩爾爵士（Thomas More, 1478—1535）。這個時期是絕對王制的都鐸（Tudor）王朝。摩爾假想他心中的烏托邦之島，構想了理想國存在的可能性。

他構想，在這個烏托邦之島上，在以農業和手工業為中心的計劃經濟之下，是人人平等、不持私人財產的共產社會。他的思想與柏拉圖有所不同，其中沒有婦人共有的主張，但重視以平等為中心的家屬制度。摩爾認為，在烏托邦社會中，重視教育，創造五百人的新人類教養階層，由這些人承擔治理政治的責任。具體來說，就是透過教育來培養優秀的人才，以此來確保政治制度的更新與進步。雖說摩爾在烏托邦之島的論點上，對信教之自由予以寬容，但並未給無神論者予以法律的保護，他把對神做禮拜視為是不可缺少的信仰行為。

從歷史上看，湯瑪斯．摩爾之靈，曾在希臘誕生，當時是蘇格拉底的弟子色諾芬（Xenophon, 430—354 B.C.），曾著有《蘇格拉底的回憶》（Memoirs of Socrates）一書。與柏拉圖一樣，色諾芬、後世的湯瑪斯．摩爾之靈格也是八次元如來。

下一個烏托邦思想家是義大利的康帕內拉（Tommaso Campanella, 1568—1639），由於他在獄中生活了長達二十七年之久的特殊經歷，所以在其思想上有強烈的反體制受害者的意識以及極端消極的一面；但他在入獄後的第三年、一六〇二年，寫了《太陽城》（The City of the Sun）一書，書中對基督教神權政治的理想國提出了構想。康帕內拉認為，正確的國家經濟生活應是計劃經濟，由象徵著「力量」、「知識」和「愛情」的三個行政官來統治國家。雖然在他提出的利用占星術、魔法來提高生產力的想法，略有中世紀的殘餘思維，但他陳述了隨著科技的進步，勞動時間只需用到四個小時即可（摩爾認為六個小時最恰好）的見解，可以說有二十一世紀以後未來社會的先見之明。

康帕內拉在獄中曾經見到了聖奧古斯丁的幻影，似乎在他治理神國的構想中接受了聖·奧古斯丁的指導。康帕內拉的前世，是西元前九世紀左右誕生在希臘斯巴達（Sparta）的來古格士（Lycurgus），他是著名的立法學家，奠定了斯巴達發展的基礎。康帕內拉透過《論西班牙君主制》（Monarchs of Spain）一書，明確地表明了他對政治方面的精通，這也可說是他回憶起了前世部分的靈魂記憶；他現在在梵天界。

在此要談到的第三位烏托邦思想家，是弗蘭西斯·培根（Francis Bacon, 1561—1626）。培根是英國經驗論哲學的創始人，亦是政界的代表人物。恰如「知識就是力量」的名言那樣，針對中世紀歐洲僧院常見的靜觀（冥想性的生活）至高的傳統，他強調：知識是獲得力量的有效方法，陳述人類可根據知識看破自然的法則，進而征服自然。

培根的烏托邦理論書有《新亞特蘭提斯》（New Atlantis, 1627）；他把柏拉圖在《柯里西亞斯篇》（Critias）、《提瑪友斯篇》（Timaeus）等著作中所講述的傳說中的亞特蘭提斯大陸（Atlantis），以摩爾的烏托邦之島予以替換，他設定這個新亞特蘭提斯是北美大陸。培根認為在科學技術之中，可以追求幸福的原理，因此，重視有組織性的技術開發，並把英國皇室命名為「所羅門宮」。

雖然未能被世人所知，但他是一位靈能者，他與自己的潛在意識交流，回想起了自己曾經生活在一萬年前的亞特蘭提斯時代，以及回想起大衛之子、以色列之王所羅門（971—932 B.C.）是自己的過去世。透過培根的《隨筆集》（Essays），可以看出他是個具有極高知性的天才，只是他忘不了所羅門時代的榮華記憶，再次去追求位極人臣的尊榮地位，但他在受賄事件暴露之後，便喪失了他的地位。去世之後，培根經過百年的反省，現已返回如來界。其後，培根在靈界對德國的哲學家康德（Immanuel Kant, 1724—1804）做了知性方面的指導。

如此審視，可明確地認識到，所謂烏托邦思想其實是體現了實在界的佛國土的建設計劃。

## 五、宗教改革之波瀾

在歐洲，興起了一個與烏托邦論不同的思潮，那就是從中世紀末至近世紀初期，興起宗教改革之波瀾。這是天上界在以烏托邦思想提示理想社會的同時，做出了對舊時代的宗教進行改革的計劃。

其實，宗教改革的波瀾不僅發生在歐洲，日本亦受到了衝擊。首先，在鎌倉時代，日蓮（1222—1282）掀起了以法華經為中心的佛教改革和正法運動，他的正法運動是把法華經作為行動基準的實踐性宗教改革。日蓮對佛教舊勢力做出了批判，他採取的標準只在於經典的做法，與三百年後德國的馬丁．路德（Martin Luther, 1483—1546）所強調的聖經主義，主張「因信稱義」，因而興起的宗教改革運動，可以相提並論。

路德確實與日蓮同樣是具有激情性格的人，是有如浪濤般熱情的人，但他不像「無武器的預言家」，著手義大利宗教改革，而被市民抓起來焚燒的撒沃納羅拉（Girolamo Savonarola, 1452—1498），那樣有勇無謀。路德在他三十四歲時，於一五一七年十月三十一日，在德國威登堡的萬聖會教堂（All Saints Church, Wittenberg）大門上張貼出了《九十五條論綱》，抗議羅馬教廷以推銷贖罪券的方式來募集資金，籌建梵蒂岡的聖彼得大教堂；隨後，他展開了奮勇的鬥志，而羅馬教皇提出的「往捐款箱裡投放錢幣時發出的叮噹響，可使人的靈魂接近天堂」的理論，反倒使曾經有神經質和膽怯症的路德良知甦醒，變成了一頭猛獅。

一五二〇年，路德連續發表了成為三大宗教的改革論文：《致日耳曼貴族基督徒公開書》（To the Christian Nobility of the German Nation）、《巴比倫囚虜》（The Babylonian Captivity of the Church）以及《論基督教徒的自由》（The Freedom of a Christian Man）。在這一年，德國出版的二百零八種印刷物之中，路德寫的小冊子就有一百三十三本，由此可知路德奔放的熱情。此外，他在與沃爾姆斯帝國議會對抗期間，受到薩克森候選人弗里德里希三世（Friedrich III）庇護的短短三個月期間裡，完成了新約聖經的德文翻譯工作。

路德的教義，可以概括為：（一）萬人司祭主義、（二）聖經主義、（三）良心的宗教等三項。路德也有未曾公開的歷史紀錄，他於一五一七年夏天的某日，有過聞聖靈之聲，見聖靈之姿的神秘體驗。這是他的行動引線，此時的聖靈之名是大天使米迦勒（Michael）。米迦勒對路德說：「你是我靈魂的同胞，要與腐敗的羅馬做鬥爭，以良知和聖經為武器，拯救苦惱的人們的靈魂。」路德是八次元如來界的人，實際上是大天使米迦勒的靈魂兄弟。

米迦勒曾在希臘以阿波羅（Apollo）之名轉生；此外，其靈魂之一作為舊約的預言者阿摩司（Amos）降生，以及作為馬丁·路德轉生，在德國進行了宗教改革。

此後，宗教改革的持續狂飆，在瑞士，出現了慈韵理（Ulrich Zwingli, 1484—1531）這位宗教改革者。他的過去世曾在阿拉伯轉生，與創始了伊斯蘭教的穆罕默德（Mohammed, 570—632）是同一生命體，是八次元如來界的人。

繼而，法國人約翰．喀爾文（John Calvin, 1509—1564）開始了宗教改革，由於受到了迫害而逃往瑞士，寫成了《基督教原理》（Institutes of the Christian Religion）一書；其後，以日內瓦為基地指導了神權政治。對於路德的良知與世俗權力二分化的思想，喀爾文認為世間才是為了向上帝侍奉、體現上帝之光榮的舞台，因此，人們應該把自己作為上帝神恩的工具，積極地面對生活。

喀爾文重視嚴格主義的生活和工作的清教徒信條，後世的馬克斯．韋伯（Max Weber）評論喀爾文是「世俗內性禁欲」。由於喀爾文的活動，為曾經畏縮不敢入上帝之城的富人開拓出了進入上帝之城的道路，使近代產業與基督教之兩個齒輪開始咬合轉動。

但喀爾文講述的有宿命感的「預定」論，使後世的人們產生了誤解。其實，喀爾文的本意原是在說明因果法則，但人們卻誤解為上帝把予以拯救和不予以拯救者做了區分。此外，為了實現神權政治，他將以人文主義者朗世寧（Baldassare Castiglione）為代表的五百多人判處了死刑和流放，引起了天上界的爭議，因此產生了大混亂。

朗世寧、塞爾維特（Michael Servetus）等神學家亦是高級靈，因教義上的差異而被判處死刑及流放，使許多高級靈感到悲傷。喀爾文原是八次元如來界的人，現在為了清除心靈的污點，在六次元光明界上層階段努力修行。

其後，路德以及喀爾文有關清教徒的思想傳到了英國，形成了首相克倫威爾（Oliver Cromwell, 1599—1658）的神權政治。

## 六、近代的政治原理與真理

克倫威爾主張將政治、軍事、宗教予以統合之立場，因而成為英國的領導者；但他卻是一個過於熱衷的清教徒，因而失去了國民的擁戴，亦被後世的人稱為「獨裁者」。雖然他著手改善司法制度與社會風紀，在教育界建立獎勵制度、在新宗教界等各方面進行了大型改革措施，但克倫威爾出類拔萃、超越時代的想法，畢竟未能贏得同時代人們的理解。

後來，克倫威爾變得很清高，他的靈魂轉生之過去世，是在古代雅典推翻了僭主制、確立了民主政權機構，以及為防止僭主再現，制定了「陶片逐放」制度的偉大政治家、克里斯提尼（Cleisthenes 西元前六世紀末）。克里斯提尼與後世的克倫威爾都是八次元如來界的人。由於天上界的諸靈看到喀爾文、克倫威爾等進行的神權政治無法持久，於是決定改變政治和宗教的方針。

這個方針，即是將近代政治的原理從宗教中分離開來，從哲學的立場去構築民主政權。為此，天上界首先讓約翰．洛克（John Locke, 1632—1704）之靈在英國轉生。洛克明確地使「英國經驗論哲學」得以確立，他在哲學方面的主要著作：《人類理智論》（An Essay Concerning Human Understanding），於一六九〇年發表；同年，並發表了政治理論書：《政治論》（Two Treatises on Government），書中探討了以議會為中心，立法機構優先的分權思想。洛克認為，國家設立之唯一根據，即是來自於國民的總體意識，這可以說是社會契約論思想的先鋒。約翰．洛克是如來界的偉大高級靈，其過去世是雅典的辯論大師德摩斯梯尼（Demosthenes, 384—322 B.C.）。

隨後，天上界執行了派遣孟德斯鳩（Montesquieu, 1689—1755）降生法國的計劃。他透過《論法的精神》（The Spirit of the Laws），簡明地闡述了政治權力機構，書中提出了三權分立、以及兩院制等學說；此時，真理得以現實、合理和具體的方式表現出來。孟德斯鳩之靈現居於梵天界，其靈曾在日本明治維新時，從天上界指導過日本的勝海舟和山縣有朋等人。

天上界送出的第三個光的指導靈，是雅克．盧梭（Jean-Jacques Rousseau, 1712—1778）；前一節已經有所涉及，盧梭的過去世是羅馬皇帝馬爾庫斯．奧勒留，過去世屬於斯多葛學派，而此次轉生世間時寫下了《論人類不平等的起源和基礎》（Discourse on the Origin of Inequality among Men）、《社會契約論》（The Social Contract）等著作，成為法國的啟蒙思想家。「人生下來是平等的，但所到之處盡是枷鎖」則是盧梭的名言。

## 七、德國觀念論哲學的出現

隨著時代的變遷，單純的信仰神，和近神者的神權政治等思想，似乎已變得不能與時代相融了，於是人們逐漸轉向了追求更加具有知性的「神法」。然而，在透過神的存在、樸實的神秘觀和感覺等方面的探討，所獲得的思想理論，已不被世人所接納，而轉向需要更有理性和知性的辯證思維。

為此，在八次元如來界，以托馬斯．阿奎那為中心召開了會議。

托馬斯．阿奎那（Thomas Aquinas, 1225—1274）曾於十三世紀降生，是代表中世紀的基督教大思想家。他以其著作《哲學大全》（Summa Contra Gentiles）、《神學大全》（Summa Theologia），使著名的「經院哲學」（信仰與世間統合為一體，與普遍世界做了區別，採取了使兩者融合的方向）得以創立完成。這個經院哲學，可與古代亞里士多德之哲學思想相提並論。阿奎那是個天才的體系專家，他提議以近代德國為中心構築理性和知性的哲學思想，從學問的角度闡述真理，經過世界各地的後代學者研究和探討之後，使哲學性神法得到了傳播。

在天上界以阿奎那為中心的會議得出的結論是，首先派遣光明指導靈康德降生世間。康德的過去世，是《舊約聖經》中「但以理書」的預言家，但以理（Daniel）是西元前六世紀的人，但以理在巴比倫當僕人時，透過講解尼不甲尼撒王（King Nebuchadnezzar）之夢，對巴比倫的命運，以及其他民族的興衰做了預言。

這位過去的預言家但以理之靈，在近代轉生，名為康德。他體現出了巨大的知性體系思想家的氣魄，寫下了《純粹理性批判》（Critique of Pure Reason）、《實踐理性批判》（Critique of Practical Reason）和《判斷力批判》（Critique of Judgment）等批判系列著作，徹底分析了人之存在，構築了獨特的世界觀，而且不僅向世間推出了《道德形而上學》（Groundwork of the Metaphysic of Morals），還在《論永久和平》（Perpetual Peace）之中，率先提出了「聯合國」的構思。他看到了一百年後的時代流向，真不愧是一位預言家。

在由康德開始的觀念論哲學的本質上，有與佛教思想相同的部分。在對觀念論哲學努力做研究的學者之中，雖然他們本人並未有所自覺，但許多人的過去世是曾在印度、西藏和中國等地，研究過佛教經典的僧侶學者。

康德是如來界的人，隨後，天上界在德國觀念論哲學潮流中，從菩薩界派遣費希特（Johann Fichte, 1762—1814）和謝林（Friedrich Schelling, 1775—1854）等人降生到世間。費希特的特徵是行為主義，因此有感於需要在實踐哲學方面，將康德哲學推向更積極的面向。於是費希特在一八〇七年起，連續兩年之間的冬季講演會上，做了《對德意志民族的講演》（Addresses to the German Nation）的著名演說，鼓舞了被拿破崙征服下，呆然若失的德國民族愛國心。而謝林則認為，藝術是將精神和自然兩者統一起來的最高領域，他以「同一哲學」打下了浪漫主義哲學的基礎。

隨後，更有哲學巨星陸續登場，這就是格奧爾格・威廉・弗里德里希・黑格爾（Georg Wilhelm Friedrich Hegel, 1770—1831），之前已講述過，黑格爾是在古代締造了希臘哲學架構的柏拉圖之靈的轉生。從「知性」的觀點來看，可以說黑格爾是人類的代表者之一。在基督教系之中，稱其為智天使，其靈格位於八次元如來界最上層的「太陽界」。在這個境界附近，有蘇格拉底、康德等靈人，對這些靈人做統一指導的是九次元的大靈──釋尊喬達摩和宙斯（Zeus）。

《精神現象學》（The Phenomenology of Mind）、《邏輯學》（Science of Logic）、《法哲學原理》（Philosophy of Right）、《歷史哲學》（Philosophy of History）、《宗教哲學》（Philosophy of Religion）等思想體系著作，是黑格爾的精神遺產。概括其根本思想，約可分為「辯證法」的世界運動法則、「絕對精神」之神的存在、對國家的關心等三項。

在後世學者之中，亦有人批評黑格爾哲學，認為那已不屬於「人世哲學」，而是有如神在揣測人類思索的超人哲學。但我只能說，提出這種批判的人，是不知人為佛子、不知高級諸靈的世界計劃的凡庸學者罷了。黑格爾是柏拉圖之靈的轉生是事實，在其終生憧憬自由的希臘精神，以及把回歸類似都市國家那樣的共同體作為理想思維，有著極鮮明的展現。

## 八、往無神論的墜落之途

事實上，德國觀念論哲學在黑格爾之後，即畫上了休止符，因為黑格爾靠直觀得知的神之思辯，對同時代以及後代的學者來說，幾乎是不能理解的。

黑格爾認為，哲學的使命在於把握最高真理的「理念」，所以黑格爾哲學是講解人類可以提高到神的位置之可能性的哲學。這是已在哲學上獲得了覺悟之極致的人的思想，是一般學者遠遠不能及的崇高思想境界。

因此，在黑格爾過世之後，出現了批判黑格爾哲學的現象，對此也是可以理解的。在這個潮流當中，其中有所謂的「青年黑格爾學派」（左翼黑格爾學派）。尤其是施特勞斯（David Strauss, 1808—1874）在《耶穌傳》（1835）當中，對「福音神話說」的理論做了否定性的批判，以及鮑威爾（Bruno Bauer）對黑格爾的「現實即是理性」的話，將原意為「現實必須是理性的、合理的」，解釋成「從現實中掃除不合理的事物」的激進革命思想。

「青年黑格爾學派」的思潮，對後來的馬克思產生了很大的影響。遺憾的是，這意味著黑格爾所探索到的思想高峰，從此失落了。

馬克思（Karl Marx, 1814—1883）與實證主義的孔德（Auguste Comte, 1798—1857）一樣，是為了對現實社會進行改革，從天上界派遣來的高級靈。在天上界的計劃中，首先派遣了托馬斯·莫爾等烏托邦思想家，為世人提示了「理想國」的思想；隨後，由康德、黑格爾等觀念派構築了適合近代和現代的知性真理觀。天上界為了達到將前面兩者的止揚，把哲學作為核心，推進現實社會烏托邦化的進展，接下來派遣了馬克思、恩格斯（Friedrich Engels, 1820—1895）、孔德和史賓塞（Herbert Spenser, 1820—1903）等人，意在一舉促進理想的現代社會之實現。

在此，略談一下馬克思的過去世。馬克思的前世，是生於薩莫斯島的雅典移民之子——伊比鳩魯（Epicurus, 341—270 B.C.），他是希臘伊比鳩魯學派的創始者，享樂主義「Epicureanism」一詞即起源於此學派之名。伊比鳩魯提出「萬物是由原子組成」的學說，繼承了德謨克利特（Democritus）的唯物論；伊比鳩魯反對柏拉圖在《斐多篇》中強調的靈魂不滅思想，他認為，人的本身在原子分解後即消亡，這種想法才能使人擺脫對死亡最不快樂的恐懼。此外，他還針對柏拉圖的哲學家君王的理想國家論，極力主張賢人既不應觸及政治，也不應有做統治者的欲望。這種思維方法是一種意識形態的批判，與其靈在二千年後轉生的馬克思如出一轍。

命運有時會使人感到啼笑皆非，過去在希臘提倡享樂主義、批判柏拉圖的伊比鳩魯，在後世名為卡爾．馬克思，以唯物史觀又對柏拉圖之靈後世轉生的黑格爾做了批判。俗話說，歷史會重演，這正是最佳的寫照。在輪迴轉生中的人際關係亦會重現。誠然如此，正像在希臘時代柏拉圖比伊比鳩魯偉大那樣，在近代，黑格爾也比馬克思偉大。這也會在今後的歷史中得到明確的驗證。

在柏拉圖、黑格爾等人講述「神義論」之後，出現了伊比鳩魯、馬克思等人講述「唯物論」，這本身就是歷史性的諷刺劇，或許這是對世人的一種考驗和磨練的過程。

伊比鳩魯的唯物思想之錯誤，產生了反作用力，致使他死後落入了地獄無意識界（不知自己的肉體已死亡，靈魂處於徬徨、飄遊的狀態）痛苦了二百年。馬克思亦同，在一八八三年死後至今的一百多年中，其意識體在地獄無意識界中迷惑、徬徨。他在這數十年內將發生的「蘇聯共產主義體制崩潰」（註：本書日文版初版發行於一九八六年，在此預言的「蘇聯共產主義體制崩潰」於一九九一年發生），以及中國經過自由主義革命修正路線結束之前，似乎無法回到天上界。

總之，馬克思的哲學，是「社會無視人之存在」的「被害妄想哲學」，其內心深處，從伊比鳩魯開始就對黑格爾（柏拉圖）有著強烈的嫉妒心；雖然馬克思作為人有其缺點，但在他的「使人間社會成為理想社會」的思想根源上，有著他原本是高級靈（菩薩）的哲學初衷。

## 九、豎子群舞

馬克思的思想，超越了其當事人的意圖，出現了超乎尋常的擴散效應。以馬克思的思想為根據，導致了俄國帝政的垮台，蘇聯社會主義政權的建立和中華人民共和國之成立的戲劇性演變。

在十八、十九世紀曾有很大發展趨勢的觀念論哲學，不時被唯物主義的無神論所替換，其勢力向全世界廣泛蔓延。可是在這些共產主義國家當中，從早期就開始出現了各種問題。

問題之一，即根據馬克思的學說，本應成為無產階級專政的政府，無論在蘇聯還是中國，其權力卻落入了少數的獨裁者手中，發生了人民必須平等地分享貧困的殘酷現實。在結論上，儘管共產主義原本是以烏托邦社會為理想，但卻出現了少數人富裕、享有特權，而多數人受壓榨、生活困苦的結果。

問題之二，便是在共產主義國家，也產生了血腥統治的恐怖政治。在連續的肅清運動和暴力的權力鬥爭之中，人們看到的只有鬥爭和破壞，好似在三次元世界中出現了地獄界似的。當然，對於一個國家好壞的判定基準有許多種，或許從共產主義國家的立場來看，自由主義國家好像是軍國主義和帝國主義的翻版。雖然如此，在現實當中，從自由主義國家奔進共產主義國家以尋求政治庇護的人數微乎其微，反過來，從共產主義國家逃到自由主義國家尋求政治庇護的人數，卻絡繹不絕。對這個事實應該從何解釋呢？歸根究柢，一國的人民總想到外國避難的，就不能說那樣的政治型態是一種好的政治型態。

問題之三，在於其實施愚民政策，即以思想上的箝制抹煞了人的良心，沒有言論和報導的自由，很難不說這不是個將國民愚民化的政策。其實所謂的烏托邦共產主義，本來應該是享有真正的自由，由有教養的人們組成的共同體，而不應該是用鎖鏈來束縛人們的奴性平等社會。總之從馬克思之後的無神論國家的出現，可以說是把作為佛子的人的真正價值，降低到成了只追求單純勞動以產生價值的活機器。

這個極端思想，便是達爾文（Charles Robert Darwin, 1809—1882）在《物種起源》（The Origin of Species）的一書中闡述的進化論；其結論，是把人類描述成是從阿米巴原蟲偶然進化過來的產物。雖說達爾文絕不是一個偽善之人，可是他的錯誤思想誤導了無神論的蔓延，他亦受到良心的譴責，因此現在仍在無間地獄反省著。

思想是自由的，言論也是自由的，但假使發表了與真實相反的思想，用錯誤的言論迷惑世人，這樣的結果若他自己不去贖罪，還會有誰能來替他贖罪呢？唯物思想是錯誤的，這是任何人回到靈界都無法質疑的實相。再者，希望讀者們能夠理解，我寫作本書的目的亦是為了要打破這個迷惘。我要向人們訴說，人類的歷史既不是偶然的結果，也不是動物自行嘗試、進化的結果，而是天上界諸高級靈的偉大計劃。

自認為是哲學巨人的尼采（Friedrich Nietzsche, 1844—1900），宣稱「神死了」，而他回到靈界只能成為眾靈們的嘲笑對象。為此，尼采現在與為了體現他的超人思想，而引發第二次世界大戰的希特勒（Adolf Hitler, 1889—1945），雙手和雙腿被都戴上沉重的枷鎖，一同在地獄最深處的泥潭中掙扎著。

這個所謂世間的巨人在靈界則是個人人唾棄的小人，甚至比有樸素信仰、做了一輩子農務的人都還不如，在遙遠的黑暗深淵痛苦著。比世間的地位、學識還要重要的是信佛，持有靈性的世界觀，這樣才能開始進入擁有正確信仰的階段。希望人們能夠儘早地對這樣的事實覺醒、醒悟。

雖然掀起俄國革命的列寧（Vladimir Lenin）在思想方面出現了錯誤，但由於他有挽救人民的強烈熱情，所以現在居住在五次元善人界政治家的靈域中。但史達林（Joseph Stalin）則落入了地獄底層，史達林必須在被他的肅清命令下受難的眾人之怨恨念波消失後，才能脫離地獄。中國毛澤東的錯誤思想，在今後會逐漸明朗化，但由於他的善行和善思的比重稍微較重，故現在居住在五次元善人界。

# 十、衝破世紀末的思想

時代巨輪不斷地向著新的世紀轉動，概觀二十世紀，可以列舉出數名真理體現者的思想家。在此，首先想從存在主義哲學之潮流進入這個主題。

存在主義思想的淵源，始於丹麥的齊克果（Søren Kierkegaard, 1813—1855）。齊克果的思想可以在《致死的疾病》（The Sickness Unto Death）、《非此即彼》（Either／Or）、《恐懼的概念》（The Concept of Dread）等著作中看出來，是以洞察人生的不安為中心理念，這是齊克果的出發點。這在某種程度上是一種無常觀，也有人認為這是與佛教思想有著共通性的部分。

的確，因齊克果的過去世，是生在印度經歷了大乘佛教最盛時期的無著（310—390，無著和世親是兄弟）。齊克果對於人生之路程列舉了包括：審美階段、倫理階段和宗教階段。在這次轉生中，他的思想是屬於以完成自我為目標的小乘佛教思想。

存在主義在進入二十世紀之後，圍繞著人應有的存在方式之現代思想，形成了一股哲學潮流。其代表人物，包括：德國的雅斯培（Karl Jaspers, 1833—1969），他透過《哲學》（Philosophy）、《時代的精神狀況》（Man in the Modern Age）和《理性與存在》（Reason and

Existence）等著作而聞名。可以將其思想的核心概括為兩點：第一，人面對「絕境狀況」時，須確立自己真實的個別主體性；第二，人可以藉由認識、接觸超越自身的存在，而得以超脫一切現實的制約，從任何事物中獲得自由。如同有菩薩靈格的齊克果是無著之靈的轉生，雅斯培的過去世也是佛教系統的人，他是生於中國，從印度取回梵文經典的義淨（635—713）。義淨曾留下了名為《南海寄歸內法傳》的著作，他是菩薩界最上層的梵天界的人。

接下來，存在主義的名家中還有海德格（Martin Heidegger, 1889—1976）。被稱之為二十世紀最偉大哲學家的海德格，是羅馬末期的基督教系哲學家聖奧古斯丁（St. Augustine, 354—430）之靈的轉生，他是如來界的人。如果有人想了解海德格是否為聖奧古斯丁之轉生的事實，即可以把海德格的《存在與時間》（Being and Time）中的時間論，與聖奧古斯丁的時間論做對照、閱讀，就能夠明白這個事實了。

海德格將人「現在的存在」定義為「世界內的存在」，除了須面對在日常生活當中所可能發生的所有事情，與此同時人還必須對於未來的可能性，積極地去設計、實現。但這個思想的層次還無法超越「命運與自力」的範圍。因此，現在在天上界受到了黑格爾「作為如來思想，更應該對四次元以上的實相世界做積極的講述」的批評。

隨後，沙特在法國誕生（Jean-Paul Sartre, 1905—1980），他是六次元光明界的人。在沙特的存在主義當中，把人做了自身存在（being-in-itself）及為己存在（being-for-itself）的區別；但對於真理有所覺悟的人來說，這種程度的覺悟是相當幼稚的。由此來看，沙特還需要對佛的世界創造、人類創造以及佛子等思想再做更深入地學習。

在二十世紀還有另一股潮流，即實用主義哲學，其中的主要代表人物有美國的威廉・詹姆士（William James, 1842—1910）。詹姆士因其主要著作：《實用主義》（Pragmatism）而為人所熟知，其思想梗概為「真理即是有效的，有效的即是真理」。但遺憾的是，有效性的哲學只能對世間的進化產生作用，但從真理的整體性來看，這只是六次元光明界的覺悟、六次元的哲學。現在，詹姆士之靈回到了六次元光明界的上層。

實用主義的代表人物，還有約翰・杜威（John Dewey, 1859—1952）。杜威認為：「人是一個有機體，世界是人類居住的環境。因此，知識、理論和思想等人類所有的思考活動，無非是為了要適應這個環境的『道具』」，即所謂的「道具主義」；如此看來，杜威把思想從抽象的領域降低到日常的現實水平上來了。在這個「實證主義」背後，有達爾文式的唯物性思考。杜威之靈目前在光明界下層階段。

在二十世紀的思想之中，無論是存在主義還是實用主義，都是把人的存在價值，從佛子的座位上，拉落到盲目、不安、只追求實利的位置上去。我們必須衝破這層迷霧，儘早回到以真理為基礎的哲學上來，這是我要確立這個哲學真理的目的。

# 第三章 悠久的山河

# 第三章　悠久的山河

## 一、東方之源流

在第二章當中，我們鳥瞰了西方思想的流動與演變，也可以說這是高級靈在西方世界所顯現的歷史。本書雖然不能將高級靈的諸活動萬象全數蒐羅，但已清楚地概括了其中最重要的部分。

第三章開始，將談論在東方歷史中，諸高級靈、光明指導靈之顯耀活動。這是從實在界的視點，對東方歷史之俯視。我希望讀者們能夠從中明確認知，慈悲的佛絕不會放棄對人類的關懷與愛，為此，經常派遣諸高級靈降生世間，願以此促進世間的進化和發展。

東方之源流有兩個核心：一個是印度，一個是中國。

世界之中有各種各樣的地域，其中，有些地域靈性磁場極強，有些地域靈性磁場微弱。印度則屬於前者，在這幾千年間不斷發出了強烈的光芒，是一個宗教聖地。在這個地區，首先於西元前六五〇〇年左右，誕生了為後人崇拜的「毗濕奴」（Vishnu）；他是如來界之存在，是愛和智慧之神。

西元前四七〇〇年左右，以濕婆神之名而名垂後世的濕婆難陀（Sivananda）在西印度誕生；他雖被稱之為「破壞之神」，但實際上他當時是個軍事英雄。他的後世是在希臘轉生的亞歷山大大帝（Alexander The Great, 356—323 B.C.）。亞歷山大大帝聘請哲學家亞里士多德為師，征服了希臘諸城市、波斯和印度周圍的地域，並在各地建設了亞歷山大城，揭開了希臘主義時代的序幕。

為了開創佛計劃的新時代，在政治、軍事天才之中，亦有光明大指導靈存在。其中，有濕婆神，即亞歷山大大帝之靈，是如來界的存在。隨後的轉生，便是著名的拿破崙（Napoleon Bonaparte, 1769—1821），誕生在科西嘉島的拿破崙，在法國成為軍事、政治上的英雄；他制定了《拿破崙法典》，開始了第一屆帝政。在實在界，他以「自由之神」而聞名。

第三位誕生在古代印度的大靈是克里希納（Krishna），生於西元前四七〇〇年左右。克里希納出現在《薄伽梵歌》歌頌聖人的古詩當中，他的教義以信愛和慈愛為中心。克里希納之靈，於西元前二千數百年左右降生在埃及，名為庫拉里奧（Clario），講述了法條，增強了埃及民族的團結。於西元前四年，其靈再次轉生世間，這便是在拿撒勒（Nazareth）誕生的耶穌·基督，他現在是九次元世界的大如來。

在西元前八世紀左右，這些人的思想被編纂為《梨俱吠陀》（Rig Veda）；約在西元前七世紀，再編纂成《奧義書》（Upanishads）。在其思想中，包含了影響後世佛教的「梵我一如」的觀念，亦即宇宙世界本體之「婆羅賀摩（Brahma）——梵」和個人本體之「我（Atman）」，「梵」與「我」在本質上是相同的意思。

所謂「婆羅賀摩」即梵天，指即將進入如來境地的光明指導靈。他們被視為與神相同，後來，形成了在人心裡宿有神性的「神人合一」的思想。這個思想經由之後的釋迦牟尼的佛教發揚，發展成為：「積蓄心靈的修行、獲得了覺悟，即能夠成為佛陀（覺者）」的思想。

中國的情形，首先約在西元前三二〇〇年，在中國山西省誕生了堯（陶唐氏）。他是執行理想的神權政治的天才，因而馳名天下。堯是如來界的來者，其後世是莫臥兒（Mogul）帝國實際建設者亞格伯大帝（Akbar the Great, 1542—1605）。亞格伯大帝締造了莫臥兒帝國的黃金時代，對軍界和官僚組織做了調改，廢止了人頭稅，並在伊斯蘭教和印度教兩教之間的融和上做了努力；另外，他還試著創立了新的宗教—Din-i-Ilahi（意為神聖的宗教），但並沒有獲得成功。

堯沒有把王位傳給自己的孩子，而讓孝賢雙備、享有眾望的舜攝位行政。舜的後世是漢武帝（159—87 B.C.），他擴大了漢朝的版圖，確立了中央集權統治，他亦是如來界的人。舜之靈亦曾轉生於現代，即美國民主黨的總統，富蘭克林．羅斯福（Franklin D. Roosevelt, 1882—1945）。羅斯福在一九二九年經濟大恐慌中，推行了「新政」，克服了經濟危機。

舜則讓位於有德、且有治水之功的禹；禹是建立「夏」國之人，是菩薩界上層階段的存在。禹之靈在六世紀曾再次轉生世間，是東羅馬的查士丁尼一世（Justinian I, 483—565），他特命法學家特里波尼安（Tribonian）編纂了《羅馬法大全》。其靈隨後的轉生，即是在第二次世界大戰後，成為第一任印度首相的尼赫魯（Jawaharlal Nehru, 1889—1964）。

## 二、佛教與耆那教

在古印度的宗教神之中，毗濕奴、濕婆和克里希納，這三位神發揮了很大的影響。《吠陀》經典匯集了這些神靈的教誨，而後「婆羅門」階層的人，把行使《吠陀》視作聖職。在二千多年前，印度社會即形成了身份等級制，即以婆羅門（僧侶）、剎帝利（王侯、武士）、吠舍（農工商業的平民）和首陀羅（奴隸）的四種姓制所構成的世襲等級制。

雖然當時在《吠陀》中有這樣的預言，說佛陀（覺悟者）必定出自婆羅門階層，但喬達摩・悉達多、釋迦牟尼佛卻出身於剎帝利階層。這就是當初釋迦牟尼佛（尊稱為釋尊）在出家、成道之後，曾受到婆羅門階層的人迫害的理由所在。

有關釋迦牟尼的誕生年月，在現代歷史學中眾說紛紜，有的說是在西元前五六六年、有的說是在西元前五六三年、或說是西元前四六三年等。可是根據實在界的記錄，似乎是在更早之前。在此順便指出，南傳佛教認為釋迦牟尼於西元前六二四年誕生，於西元前五四四年涅槃。因此，錫蘭（斯里蘭卡）、印度、緬甸、泰國、寮國和柬埔寨等南亞各國，於一九五六年至一九五七年，舉行了釋尊涅槃二千五百年的盛大慶典。一九五六年也是我在日本誕生轉世之年。釋迦牟尼在拘薩羅國的迦毗羅衛城，以釋迦族王子的身分誕生。在本書的後面將就釋迦牟尼的思想做講述。

此外，與釋迦牟尼同屬於剎帝利階層的宗教家，還有筏馱摩那（Vardhamana，尊稱為大雄Mahavira）；筏馱摩那為耆那教的中興之祖，然而他也否定了婆羅門階層的特有權威，提倡人必須透過苦行才能夠獲得拯救，並制定了徹底不殺生主義的嚴格戒律。當時佛教在婆羅門、剎帝利和吠舍等階層中，得到了廣泛的認同與普及，而耆那教主要是得到了吠舍階層的大力支持。

此後，耆那教的影響逐步浸入到了印度的民族宗教——印度教當中；這是屬於靈界的裏側系統。與此同時，在印度也出現了許多不認同婆羅門階層特權的自由思想家，其中，阿耆多（Ajita Kesakambala）發表了只有地、水、火、風才是真實存在的唯物論。阿耆多後來轉生在中世紀的歐洲，成了方濟各會派的修道士。阿耆多是排除經院哲學，引進經驗哲學，使自然哲學近代化的羅傑・培根（Roger Bacon, 1214—1294）的過去世。而後，婆浮陀（Pakudha Kaccayana）在阿耆多的地、水、火、風之上又加入了苦、樂、生命，倡導七要素論。

隨後是不蘭迦葉（Purana Kasyapa），他認為行為的好與壞皆不存在，主張道德否定論。此外，還有散若夷（Sanjaya Belattiputra）；由於他對待任何問題都不做明確的回答，所以被後人看作是摸不著頭緒的懷疑論者。散若夷之靈後來在英國轉生，成為提倡懷疑論、實證論的大衛・休姆（David Hum, 1711—1776），他現在存在於光明界的上層階段。

## 三、釋迦佛教的思想（一）

本節將對被人們稱為「亞洲之光」的釋迦所教誨的思想觀點，進行討論。

釋迦之教誨，有如人稱的有八萬四千法門那般，其內容不管在深度或廣度上皆豐富多采，令人讚嘆萬分，但若仔細研究這個教誨的架構，就可以看出有五根主要的支柱。

第一根支柱：即實相世界（靈界）與世間（三次元現象世界）的關聯性，這是釋迦經常說法的重點之一。

人的靈魂在轉生到世間之前的世界，和肉體死後靈魂將返回的世界，是永遠的實相、實在世界，而世間則是一個無常的世界。正如實在界是因根本佛的創造意志締造而成的一樣，三次元世間只不過是實在界的投影而已。當人生活在這個投影世界中時，容易產生一種錯覺，會誤認為這個無常的世界是唯一的世界，由此產生了對塵世的執著，進而形成了各種苦惱。要想擺脫苦惱，就有必要回想起自己本來所居住的世界，掌握人的實相。在斷絕對物質的執著的實相人生中，即不會有生老病死之苦。眼前出現的即是歡喜的世界，自己亦是閃耀著光明的化身。人們啊！對此要有所醒悟——這就是釋迦的教義中首要的支柱。

第二根支柱：即時間論。如果把第一根支柱看作是空間論的話，那麼這第二根支柱即在思考時間的架構。其一是「緣起的法則」，指的是因果法則。因果法則是貫穿現象界和實在界的法則，把某一個現象與下一個現象作連結者、或某人與另一個人的關係做連結，就稱之為「緣」。並且，萬物皆由此緣而生起，人必須在時間的流轉中，永恆轉生，人無法逃避輪迴轉生的法則。這輪迴轉生也就是在有因有果的因果法則支配之下運轉的。

來世究竟會是怎樣的世界？會有怎樣的生涯規劃？這個在來世將品嘗何種果實的問題與今世的人生有著緊密的關聯。而今世靈魂表現出來的傾向及處境的起因，則來自於前世。若反向思考的話，今世有合乎佛心的生涯，必能成就輝煌未來的契機。所以，要斷絕惡性因果的循環，就必須在今世努力精進，導正被命運愚弄的生活方式，這就叫做「解脫」。發現不被命運牽制的「金剛不壞」的自己，這即是「覺悟」。當透過覺悟而到達了如來境地之後，人即能從因果法則之下的輪迴轉生中解脫，使根據自由意志進行轉生成為可能。這是成為第二支柱的時間論。

第三根支柱：即是八正道。這是人格完成之道，是修行者努力精進的指標。人在成為嬰兒誕生於世間時，靈魂在實在界的記憶被遺忘了，不得不依靠狹隘的表面意識來面對生活，而其原本的大部分意識則成為潛在意識被隱藏起來。

但是，人依然能夠透過靈感，或自己的靈魂敏銳度來感知自己本來的意識。而使表面意識與潛在意識分離開來的，是以肉體生活為中心而產生出來的煩惱。若不去除煩惱，就不可能恢復百分之百原本的自己。煩惱是惡性精神作用的總稱，是從人誕生以來至今，經由扭曲的環境、教育、思想、信條、習慣或不和諧的想法，以及違背良心的羞恥行為之下所產生的感覺。所以，回顧自己有生以來的生活歷程，去發現造成心中不和諧的原因，並且一一加以反省，就顯得相當重要。反省的基準，就是八正道、八個正確反省之道。

這意味著首先應該反省自己在看待事物和有緣人時，是否是依據正確的宗教信條？

接下來是重要的正思。自己的思惟是否有如野馬狂奔般控制不住？假如自己的心是個透明的玻璃瓶，其中是否裝滿了無法見人的羞恥思想呢？

自己是否用正確的言語去做表達了呢？人的苦惱的原因，多數是來自於他人無意的言語，或自己不加思索的負面言詞。對此，自己在說話時，措詞是否正確呢？

再者，自己的行為是否正確，並且努力工作呢？職業是佛的恩賜，是使命。自己能否完成這個使命呢？

此外，在有關正確的生活方面做的如何呢？自己能否把此世當作人生修行的場所，以一日為一生地過著正確的生活呢？是否把真理當作心靈的食糧，過著和諧的生活呢？

繼而，自己是否在佛道上正確地精進呢？能否作為佛子而沒有迷惑呢？是否在學習真理上孜孜不倦、磨練著自己的心性呢？

在正念上，是否正確地描繪了人生計劃？正確地向佛祈禱？是否在佛面前心中不感羞愧，正確地實現自己的目標呢？

最後是正定，自己能否安排出能夠做精神統一的時間呢？精神統一的真意並非在於無念、無想，而是從實在界領受佛的光能，接受自己的守護靈、指導靈的引導；這是修行者不可缺少的學習方法。

人應該以這八正道為基準，透過反省過往去構築未來。這就是第三根支柱。

## 四、釋迦佛教的思想（二）

釋迦思想的第四根支柱：即是「利自即利他」（亦稱自利利他、自他二利等）的教誨。這是「六波羅蜜多」思想。「波羅蜜」意指內在的智慧，「多」意指睿智湧現出來的狀態。具體內容如下：

1．布施波羅蜜多（檀那波羅蜜）

完成布施之功課，這是在世間慈悲的體現；指從物質和精神方面為人施捨，拯救眾生的姿態。與基督教愛的思想有共通之處。

2．持戒波羅蜜多（尸羅波羅蜜）

完成持戒自省的功課。「戒」有五戒：不殺生、不偷盜、不邪淫、不妄語、不飲酒，持戒就是指遵守這五條禁止事項。即不可殺生、不可偷盜別人的東西、不可行違背人倫道德之事、不可以謊言惑人、不可因過度飲酒而傷害身體等五個戒項。

3．羼提波羅蜜多

完成忍耐的功課，指忍辱。如果與他人所引起的不和諧的言行或怒氣同聲一氣，因而產生暴怒的舉止，即是修行者的失格。即使事情發生的原因出自別人，但若吞食了這個毒素之後，便會心通地獄。如果自己的心能安然不動，充耳不聞，那惡口、嫉妒和怒氣等等，最終都會回到對方身上。這是「作用與反作用」的法則。

4．精進波羅蜜多（毗梨耶波羅蜜）

完成努力的功課。這個努力、精進，指的是以修行者的立場持續體悟真理，經歷磨練、不斷累積悟性。

5．禪定波羅蜜多（禪那波羅蜜）

完成精神統一的功課。這是透過禪定以達到與實在界交流的方法。

6．般若波羅蜜多

完成智慧的功課。智慧是釋迦教誨的核心。釋迦之光是金黃色的智慧之光；釋迦是以知性來講解法的整個體系為使命的光明指導靈。釋迦持有打開實在界智慧寶庫的鑰匙。

以上六波羅蜜多，是利自即利他的教誨，就是以提高自己、且提升與他人之間的人際關係為目標的教義。它提示了，以這六項為目標並予以實踐完成，即能成佛。雖然在內容上與八正道有相似和重複之處，但八正道是到達菩薩境地之龍門——阿羅漢境地的修行方法，而六波羅蜜多是由菩薩境地向如來境地邁進的修行方法。

雖然對這兩者歷來有著各種各樣的看法，有人認為，以前者為中心的是小乘佛教，以後者為中心的則是大乘佛教，但歸根究柢可以說兩者都是與覺悟階段相適應的教義。因此，不知布施之心、不知施愛的人就不能說是菩薩；無智慧的醒悟者就不可能說是如來，如來需要具備愛與智慧。

釋迦牟尼佛思想的第五根支柱：即是「空」的思想。佛教的空的思想，自產生至今已持續了兩千多年，但對其精確的定義，卻仍眾說紛紜。「色即是空、空即是色」的「空」究竟何所指？對這個「空」，我在本書第一章第三節講述佛光物理學的第二個論點——即佛光在其凝集、擴散的過程中，進行創造和破壞活動時，曾經涉及這個議題。在四次元以上的靈魂實在界中，佛光持有目的性的凝集而使靈性實體顯化，繼而，當靈性實體持有一定的波動，而這波動進一步緊密化時，在三次元空間便會有物質化的顯現。

也就是說，世間的物質乃由佛光粒子凝集而成，而給予其某種形狀的是「意念」——具有目的性的精神能量。因此，當這個意念消失之後，世間的物質將會再度還原成為光粒子。再繼續探討下去，則有光粒子原本是否是實體存在的問題產生。本來，光粒子或光子的存在均非實體，光子是在佛的「有光」的意念集中為一點時，才能因構成能量大磁場而存在。假若佛的意念消失了，光子也會隨之而消失。在三次元世間現象界中，光子持目的性集結而形成原子，原子的集結而構成分子，分子凝聚再構成粒子，粒子組成了物質。因此，假使佛的「有光」之意念消失的話，這三次元現象界以及四次元以上的實在界也都會隨之消失。

這就是「色即是空、空即是色」的真意。倘若將在世間現象界被認為有實體的物質，進一步做深入分解的話，必然會分解到光子。總之，光子由佛念而生，並非實際存在。但非實在的光子凝聚的結果，即依照「靈子」→「陽子」→「原子」→「分子」→「粒子」的順序，從而形成了物質。這是釋迦牟尼對「空」的思想的真實見解。

## 五、佛智之洪流

釋迦的教誨，除上述之外還有其他廣泛的教義。對其思想之整體的講述，我在日本還有《覺悟的挑戰》、《沈默的佛陀》和《佛陀的證明》等書籍。

釋迦在接近八十一歲時，離開了人間。若以現代的陽曆計算，釋迦離開此世之日大概是在四月；那一天有與平日不同的寂靜，當釋迦涅槃時，動植物都有靈性感應，對釋迦的入滅深感傷悲。

釋迦涅槃後不久，已達到阿羅漢境界的五百名弟子，聚集在摩揭陀國的首都王舍城，為了流傳給後世而匯集和編纂釋迦的教義（第一次集結）。在其後的四百年之間，又進行了數次匯集佛典的活動。

但是，佛教在釋迦牟尼佛滅後的幾百年間，其教義的本意已逐漸模糊了。於是，天上界商定於西元前二世紀左右，派遣龍樹降生到印度。龍樹（Nagarjuna）是如來界的人，相當於基督教系的馬丁．路德，為大乘佛教中觀學派的創始人。從《大智度論》、《中論》等論著中，可以把龍樹的思想歸結成以下兩點。第一點，是盡量完整地將釋迦的佛教教義流傳後世，於是進行了體系化的整理。第二點，由於龍樹在降生世間之前，在實在界接受了基督教博愛思想的感化，因此也將博愛思想做了佛教性的解釋，振興濟度眾生的大乘佛教。

龍樹的後繼者是提婆，是菩薩界上層階段的人。他在三世紀的印度活躍之後，在後世以法然（1133—1212）之名轉生日本，成立了「念佛門」。

在印度還有無著（約310—390）和世親（約320—400）兩兄弟，共同構築了大乘佛教最昌盛的時期。在第二章已講述過，無著曾在歐洲轉生，名為齊克果，是存在主義哲學家。世親與無著同出於菩薩界，其後轉生在中國的宋朝，名為陸九淵（陸象山）（1139—1192），是與朱子對立，站在唯心論立場的著名學者。唯心論形成了明代陽明學說的源流。其兄弟兩人過世後，印度佛教便開始走向衰落了。

## 六、真理之流動轉向中國

佛教在印度衰落之後，其發展中心便轉向中國了。那是以龍樹為中心的佛教教義，經過北齊的慧文和慧思（515—577），之後再由慧思的弟子傳承給智顗（538—597）。慧文和慧思兩人同樣都是菩薩界的人。

智顗使佛教在中國揚名。天台智顗深受隋煬帝的信賴，被授予了天台大師的尊稱。其教義以《法華經》為中心，顯現出了嶄新的、有分析性、有系統的特徵與內涵。

天台大師三十九歲時，於某一天的黎明時分做了一個夢，他夢見釋迦如來坐於中間。釋迦如來忽然開口說：「智顗啊，今天我為你揭開心靈的秘密，你要把我所講述的內容傳授給後世的人們。」這些內容在後世成了著名的天台大師的「一念三千論」。隨後，天台大師仍有幾次於夢中接受了釋迦如來的啟示。他終於獲得了解脫，能夠與靈界做自由自在的交流與溝通。西元五九四年，當他在荊州玉泉寺講述《摩訶止觀》時，已完全達到了如來的悟境。

天台教義，在七五三年由鑑真（688—763）傳到日本，但未能獲得成功。其後，最澄在西元八〇四年到中國（當時的唐朝），學習教義的奧秘，並於翌年回國，弘揚佛法。從此之後的圓珍和圓仁等人使其在日本更加的興盛了。

當時不同的教義相繼流傳到中國，其中有達摩大師（446—528）的禪宗。達摩大師雖出身於南印度的王族，但他按捺不住自己高昂的傳道熱情，終於在五十六歲時，經由海路進入中國，並在洛陽附近開始了傳道的活動。達摩在少林寺「面壁九年」坐禪很有名。

這位達摩大師之靈，於近代轉生到日本，名為鈴木大拙（1870—1966），鈴木大拙在對歐美國家介紹禪學的方面做出了貢獻。我想很多人能夠看出，在他的傳禪熱情中體現出了達摩大師在昔日從南天竺航海到中國，力行傳道的身影。他原本出身菩薩界，可是在作為鈴木大拙轉生時，過於傾向學術的知性面，所以現在在光明界上層階段修行。

禪宗二祖慧可（487—593），最初學習了儒教、老莊思想，後以達摩為師。他「立雪斷臂」的故事非常有名，這故事是寫他面對不輕易教學的達摩，以刀斷臂，用血表明了求道的意志。

隨後，寫禪宗公案《無門關》的無門慧開和尚於一一八三年誕生，這是在道元（1200—1253）誕生的十七年前。在前一章已講述過，這位無門和尚之靈在轉生經歷中，有時是亞里士多德，有時是西田幾多郎。

此外，密教也傳到了中國。西元七一六年，東印度的善無畏三藏（637—735）來到中國傳密教，受到了唐玄宗的厚待。他在西明寺從事密教譯經活動，尤其著名的便是他的漢譯《大日經》了。善無畏之靈後來轉生日本，是日蓮六老僧中的日朗（1243—1320）。在唐朝同時期中，還有名為金剛智（669—741）的人傳播密教；金剛智是南印度的人，他跟隨龍智學習了密教之後，便於西元七二〇年到長安弘法。一行（683—727）則拜了善無畏和金剛智為師。

在歷史上有名的還有不空三藏（705—774）。西元七二〇年，不空在洛陽拜金剛智為師，於七四一年到印度跟隨龍智學習。七四六年他回中國之後翻譯了《金剛頂經》等經文。不空的弟子慧果（746—805）即是空海的師父，善無畏和不空是梵天境界的使者，金剛智、一行和慧果是菩薩之靈格。

## 七、追溯孔子的時代

以上概觀了流向中國的佛教思想，但在這塊土地上還有另一條巨大的思想源流。這就是孔孟老莊思想。

首先談孔孟思想。孔子（552—479 B.C.）出生於春秋末期的魯國。他雖然在魯國曾任司寇（相當於司法部長），但只做了幾年便辭職，周遊衛、陳、宋、鄭、蔡、楚等國，游說其道。晚年，他回到故鄉，從事教育和整理古籍的工作。孔子之核心思想即在於人類完成之道和建設理想國家論之上。

幸福科學的教義認為，孔子與釋迦、耶穌．基督同屬於九次元宇宙界的靈人，然而，他與釋迦、耶穌和摩西在教義上不同的是，他沒有講述靈魂世界的教誨，但這並不是說孔子不知靈魂世界，其實他深知靈魂實在界的實相。

孔子的言行記錄《論語》，為何能夠在二千五百年間被人們所熱愛？它為何能夠不斷地打動著人們的心弦呢？因為孔子之言是光明真理之詞，在孔子的言語中到處可見高級靈的啟示。例如：弟子子貢問孔子：「有一言而可以終身行之者乎？」子曰：「其恕乎！己所不欲，勿施於人。」從中可以看出，這與耶穌的思想極為相近。

孔子的得意門生顏回詢問有關「仁」的問題，孔子的回答是：「克己復禮為仁。」；當顏回再問具體實踐方法時，孔子則答道：「非禮勿視，非禮勿聽，非禮勿言，非禮勿動。」孔子的「禮教」，與日本神道系的天照大神、天御中主神等的思想有共通的一面。

孔子認為，音樂能使人心和諧、培養高尚的情操，故非常重要。當時，海爾梅斯（Hermes）和宙斯從靈界對他傳送過有關「樂」的思想的啟示。

《論語》中有關政治方面的思想則有「為政以德，譬如北辰，居其所，而眾星拱之」的記述，其意在於提倡以德治行使王道政治，這個思想亦與日本神道思想相似。

孟子（372—289 B.C.）繼承了這個王道政治的思想，主張性善論；可以說孟子是在融合了孔子的孫子子思（483—402 B.C.）的嫡系學說的基礎上，並使其有了進一步的發展。子思以「中庸」來表述孔子的仁道，認為其道之第一步為「孝」，方法在於「忠」。子思是《中庸》一書的作者，是菩薩界上層階段的人，他繼承了孔子學說並將其傳予孟子的重大使命。

孟子是戰國時代的人，他提倡的「人的本性授於天賦，生性為善」的「性善論」極為有名。此外，他還主張「四端」之說，即人之初，有惻隱之心（憐憫、同情的心）、羞惡之心（對己之非善羞愧、對人之非善憎恨的心）、辭讓之心（謙遜、恭讓之心）、是非之心（認為善是、惡非的心）的四個良心，這能夠證明人的本性是善。

繼而，孟子把惻隱之心視為仁，把羞惡之心視為義，把辭讓之心視為禮，把是非之心視為智；他透過具體的分析方法，將孔子的仁教引申到了「仁、義、禮、智」的「四德」。至漢朝時，這個思想加入了「信」，確立了「仁、義、禮、智、信」的「五常」之德。若將孟子之教，與佛教的「八正道」及「六波羅密多」的思想做比較，便可看出它的特徵。雖無特別針對靈魂世界的教誨，但是明確地講述了釋迦未講述過的「禮」。孟子現在是菩薩界上上層階段、梵天界的靈人。

在孟子之後有荀子（298—235 B.C.）。荀子反對孟子的性善論，提出了人的本性為惡的性惡論的立場。他認為，由於人的本性在於利己，故人間社會必處於弱肉強食的爭奪狀態。如果要改善利己本性，「禮」是不可缺少的。荀子之靈在後世轉生歐洲，是寫下了《利維坦》（Leviathan）的霍布斯（Thomas Hobbes, 1588—1679），現為光明界的靈人。

## 八、寬裕的哲學見地

比較來說，孔孟之道屬於努力型哲學，它鼓勵人們努力去追求人的完成之道，以建構理想社會；也可以說它是積極、肯定性的哲學。孔子、孟子從正面積極地看待人的發展問題，他們是將在人世間建設佛國理想社會、烏托邦，當成目的而降生於世的高級靈。

雖然同是光明大指導靈，但也會在教義中放射出不同的異彩，如：道家創始者老子。有關老子的出生年月沒有詳細的記載，有的學者說老子是周朝時的人，有的學者說老子晚於孔子、是春秋戰國時代的人。對此經過查閱靈魂實在界的「阿卡莎記錄」，得知了事實真相。老子的出生年代是在西元前五八七年，死於西元前五〇二年。老子年長孔子三十五歲，兩人活躍在同一個時代，享年八十五歲。

在司馬遷的《史記》中，有年輕的孔子拜訪老子的故事，這也是一段事實記錄。那時孔子剛剛年滿三十歲，血氣方剛，已六十五歲的老子，那時已有了大思想家的聲望與風貌。此外，孔子身高一百九十二公分，才貌雙全，相反，老子身材矮小，僅有一百五十五公分左右。

孔子在向老子求道時，老子一眼就看出了孔子有炫耀學識的傲氣，便直言不諱地說道：「看上去，你是個了不起的秀才，勤奮求學，這些都寫在你的臉上。但人若從面相中露出了難以按捺的發跡野心的話，便很難成大器。立於別人之上者，對有野心的人會敬而遠之。人應該更加直率、樸實，不卑不亢、無為自然。這可使你宛如自然生成的百年大樹，宛如滔滔黃河水奔流自然，成大器。」

老子之言打動了年輕的孔子，但是他仍然選擇了另一條道路。他認為順從自然而生雖然值得尊敬，但人畢竟不同於自然。既然降生此世為人，就應該磨練自己的靈魂。這是孔子思想之基本，亦是與稍早於孔子逝世的釋迦思想相同之處。

的確，老子的「無為自然」之道，還不能說是能夠引導萬人進步的思想。縱觀中國數千年的歷史，許多人認為，老子的「無為自然」與大自然融合為一體的大道，在某種程度上是一種寬裕的哲學見地。

老子賦予「自然」以兩個含義：一是指「大地」，他稱其為「萬物之母」，或「玄牝」（神奇之女）；二是指「無為」，或「玄德」（無私、無心、無欲、無作為），即退避不自然，從自然而生。老子主張，所有人都應該重返無為自然。

正因為老子是這樣的思想，所以他的理想國家論也是認為「小國寡民」為好。他認為，人人持純淨心的小型社會，可排除權力和強制國政等。在這樣的社會中，只有以德化解憎恨、心靈柔和的人才能贏得人心，他把這樣的社會當作理想。

老子的「小國寡民」理想國家，是根據靈魂天上界的城鄉為模型所做出的描繪。老子原是八次元如來界的居民，那裡是心境和諧的人們居住的小型社會，是飄逸著草木繁花的大自然之氣息的世界。歸根究柢，可以說孔子和老子，一個是天上界的教育者，另一個是天上界的居民，兩者在思維方法上有所差異。

老子思想後來被莊子（莊周）（367—279 B.C.）繼承；莊子思想之架構在於「遊於道」。

莊子認為，所謂「道」，是天地自然之法則，它使一切存在變化、生滅，而其自身不生不滅不變化，既超越所有的時間、空間性的制約，又普遍存在於所有的時間、空間之中。

故，得「道」者，應捨去自以為是的心念，虛心、安然地過從容自由的生活，莊子稱此為「遊」。由於莊子具有靈能力，所以他經常做到光子體脫離肉體，遨「遊」天上界。對於有如此靈性樂趣的莊子來說，將所謂的凡俗價值做比較區別性的「分別知」等，是毫無意義的。

莊子之靈的過去世，曾是古希臘的海爾梅斯的兒子厄洛斯（Eros）；而在近代的轉生，是近代哲學之祖笛卡兒（Rene Descartes, 1596—1650），是最為著名的思想家，有名的論著是《方法論》（Discourse on Method）等。此後，其靈魂的兄弟又以卡夫卡（Franz Kafka, 1883—1924）之名降生在奧地利，是《變形記》（Metamorphosis）、《審判》（The Trail）等小說的作家。卡夫卡亦是一位靈能者。莊子是八次元如來界（太陽界）的人，另外，其靈亦曾轉生於佛教系統，於十二世紀轉生為西行法師誕生在日本。

在三世紀的魏、晉時代，有竹林七賢清談老莊思想，把這思想推向了高潮。七賢中有一人，即阮籍（210—263），他反對形式性的禮教，以「青眼」待方外之人士，以「白眼」待世間俗人。他也轉生於現代，是名叫竹村健一的評論家。

## 九、愛與知之教誨

如此可知，孔孟的儒教和老莊的道教，是中國的二大思想潮流。此外，雖然不能與這兩大潮流相比美，但春秋戰國時，在各地湧現出的諸思想家也如星羅棋布。

首先，有一個耀眼的巨光，這就是春秋時的墨子（約480—390 B.C.），墨子與孔子同是魯國人，姓墨名翟，在宋國任官做了大夫，因反對儒家學說而有名。

墨子的思想有二個核心，一是「兼愛」，一是「非攻」。墨子的「兼愛」論，兼而有之即是無差別的愛。墨子認為，孔子的「仁」雖屬愛的思想，但在「仁」之中愛有濃淡之分，有與己親近者和非親近者之間的差別。

於是，墨子批判性地指出這是「別愛」論，相對提出了「兼愛」論。他指出，人若愛己，就應該像愛己那樣去愛他人；國與國之爭導致民眾家破人亡，其根本原因即在於「無心愛他人」。正因為只顧及利己，不能愛人和他國，所以會發生強欺弱、眾奪寡、富貴壓貧賤，這就需要人們持有兼愛他人和互利的思想。

這是墨子愛的思想的基本立場。或許有許多人認為墨子的「兼愛」與耶穌．基督的「鄰人愛」很相似，這是理所當然的。因為墨子，在作為耶穌．基督降生拿散勒講述愛的教義之前，其靈魂生命體的一部分，曾以八次元如來靈格，宿於肉體降生在中國的緣故。雖然他與耶穌的個性不同，但屬於同一生命體。

墨子根據愛的思想講述了「非攻論」，並且鼓勵勤勞，批判不勞而獲，反對奢侈和虛華打扮。他把孔子的「禮樂」看作是形式主義加以排除。在其思想根源上，存在著人是神子、神的本質是愛的思想。

此外，墨子還具有兵法家、製造武器的技術者等令人意外的現實主義的一面，但他在原則上保持人的平等觀。由於墨子是個不歧視他人和他國的樂觀主義者，所以並未受到為政者的歡迎。但在秦始皇時代，墨家的學說和著作亦逃不過「焚書坑儒」之暴政的影響。至漢武帝時代，儒教被立為國教，曾與儒家學說做過激烈論爭的墨家，因此受到了壓抑而衰落。雖然如此，但在為悠久的山河感到榮耀的中國，有過如此的愛的思想，不禁使人驚嘆不已。

與墨子兼愛思想形成對比的，是在上面提到過的講述「性惡論」的荀子，以及跟隨荀子學習的韓非（281—233 B.C.）的思想。韓非是戰國末期的法家思想家。他受到了商鞅（397—338 B.C.）的思想影響，將「賞厚而信，刑重而必」進言韓王以求清政，由於未被採用而發奮寫下了《韓非子》一書，其理論中心在於「以官僚主義為根基、建立絕對專制君主制」之上。簡言之，即要想加強君主的權威和統治力，就必須使所有的民眾歸屬君主。為此，法治不可缺，法不但是統治民眾的力量，同時也能管理使用法的君臣官僚。

韓非在後世轉生於文藝復興時期的義大利，名為馬基維利（Niccolo Machiavelli, 1469—1527），為當時的政治思想家，相當活躍；他在《君王論》（The Prince）一書中，展開了獨特的謀權霸業的思想。雖然有人批判馬基維利在提倡「不擇手段的權謀術數政治」，但可以說，其思想是對內憂外患的義大利政治加以冷靜、客觀考察的產物，是近代政治學的先驅。

在馬基維利的靈魂潛在意識中，留有其前世韓非作為使者赴秦時，受李斯（282—208 B.C.）嫉恨遭毒殺的記憶，故在義大利時代，曾身居佛羅倫斯政府的要職，但嚐到了美第奇（Medici）家族復權後失足的滋味，所以似乎在內心有不相信人，和對人的厭惡感。馬基維利現在位於六次元光明界做有關政治方面的工作。

## 十、儒學之火不熄

諸子百家時代至今，已經歷了二千數百年的歲月。在此期間裡，正如儒學之名一樣，主要是引導人們從學問的角度從學，並且成為人們的處世哲學和方法。孔子與釋迦、基督同樣是諸救世主居住的九次元大靈，但在儒學中卻幾乎沒有體現出什麼宗教性的感覺。

在某種意義上來說，在這個事實中體現了孔子的知性洞察力。如果說基督教和佛教有許多脫離世俗權力的側面的話，那麼「儒教」則是作為「儒學」，滲透到了世俗權力之中樞部位，可以說這在傳道方法上是極為巧妙的。

與其單純地透過講天堂和地獄的思想，去使人們狂熱地信從，產生迷信，莫如教導人們的完成之道，著實地引導人們走上人格提升之道。孔子是人類最高境界的教育家，他深知人的性情和本質。我認為，今後的宗教，應該將信仰、知性和理性予以統合，從這個意義上來講，一個需要新的孔教的時期已經到來。

孔子之後，經過了千百年歲月的流逝，至北宋時，出現了著名的儒學家周敦頤（1017—1073）；周敦頤是所謂「宋學」的始祖，他是光明界上層階段的靈人。其後的朱子（朱熹，1130—1200）繼承了他的學說，將「宋學」集大成。朱子是南宋學者，著有《近思錄》、《四書章句集注》和《資治通鑑綱目》等書，後人以「朱學派」冠名。在前面第二章第三節的「永遠的羅馬」之中已有所談及，朱子是梵天界的居民，前世曾在羅馬誕生，是名為西塞羅的哲學家。

概括朱子思想，即「太極（理）、形而上之道也」，它存在於萬物誕生之前，決定事物的存在；「陰陽（氣）、形而下之器也」，事物生成之材料。他還在「理一分殊論」的思想中指出，「理」使此世萬物顯化。「理」並非是此世內外部的某個地方的孤獨存在，而是同一的存在，這個同一的存在又存在於每個事物之中。

可以比喻為，映照在各地不同的湖面上的月亮有許多，但是月亮卻只有一個。這個「理一分殊論」會讓人聯想到它與柏拉圖的「理念論」有相近之處；他大概是回想起了自身在前世作為西塞羅時，學習過柏拉圖學說的靈魂記憶。

另一面，南宋時期，在學問界有位與朱子對立的知名學者陸象山（又名陸九淵）。朱子將「理」作為形而上之道，把「氣」作為形而下之器，在理論上做理氣二元的宇宙論。但陸象山提出了「心即理」之說，認為「四方上下曰宇，往古來今曰宙，宇宙便是吾心，吾心即是宇宙」。

此外，朱子比喻「心如陰陽」，將「心」置於形而下。而陸象山將「心」置於形而上的位置，可以說這是所謂唯心論的立場。具體說，即「萬物森然於方寸之間」取決於心，「有我而有宇宙，有宇宙而有我」的思維方法。

陸象山的思想，與羅馬時代的哲學家普羅提諾的思想極為相近。普羅提諾的「萬物終由唯一的實體流出」的一元論與陸象山的思想很近似。這因為，普羅提諾之靈作為陸象山的指導靈，從實在界給予了指導。在第五節中已講述過，陸象山之靈的後世，是大乘佛教復興時代的僧侶世親。陸象山是菩薩界上層階段的人。

接下來，明代的王陽明（1472—1529）繼承了陸象山的「心即理」的理論思想。王陽明對陸象山的「心即理」的思想做了徹底地探討，他提出：「心外無物、心外無理」。例如：其認為「孝」、「忠」之理不在外求，一旦體會了純粹天理之本心，即能做到為父盡孝、為君盡忠。王陽明認為：開放在深山岩石之間的花朵，是處於「寂」的狀態之中，其意即為：若無心的發現，這花是不存在的。

唯心論很不容易理解，但如果根據佛教「宇宙即我」的覺悟予以分析的話，便能夠深入了。這個唯心論意在表明：敞開「心」便能展現出無限的世界，關閉「心」便會縮為一點。

此外，王陽明認為：人不做，是因為尚不知，因而提出了「知行合一論」。譬如，若人們真正明白了對父母應該行孝的道理，就會自然地去履行了，即，「知、心思」與「行為」無分離。王陽明的真意在於將「心與行」做關聯性的說明，他是八次元如來界的存在。若從基督教的角度來看，便可以說他能與新教的馬丁．路德和約翰．加爾文等人相匹敵。

# 第三章　悠久的山河

第四章

# 太陽升起之國

# 第四章　太陽升起之國

## 一、諸神靈聚會

本章將縱觀展望，在佛的旨意和諸高級靈的計劃之下，諸高級神靈降生日本的歷程。或許在其結果上，能夠明確地得出一個「日本亦為神之國」的正確結論。

日本列島的歷史本身已很悠久，現在的島嶼形狀大約是三萬年前左右逐步形成的。一萬五千年前，穆大陸（Mu）下沉之後，約有幾百名穆大陸的居民從海路進入了現在的日本九州；此後，日本進入了文化程度迅速提高的時期。對日本的原住民來說，見到了精通近代科技原理的穆人，如逢神人降臨。那時的許多傳說，形成了日後日本神話的腳本。

至二千八百年前左右的時期，降生在日本的諸高級靈建立了現代日本文化的架構。於西元前八百三十年前左右，首先是天御中主命在現在的九州高千穗峰誕生，他是八次元最上層階段的如來，為了創建日本之國而降生人間世界。

此時是釋迦誕生前的二百年，孔子誕生前的三百年，以及蘇格拉底降生之三百幾十年前。

天御中主命亦稱之為天御中主神，不少人把他視作宇宙之神、根本神，但是人類的真實歷史遠遠地超越了歷史學的射程距離，瞭望其四億多年的歷程之整體，不能因為是大約三千年前誕生的人，便稱其為宇宙之神、根本神。天御中主命畢竟是人格神，他是奠立了日本國基礎的高級靈。日本古代的「神」（編注：日語發音kami）一詞，義同於「上」（編注：日語發音kami），均用於有傑出風采的領袖人物。

天御中主命，在以現在的宮崎縣為中心的九州南部組成了一大政治勢力圈，他不但是一位政治家，而且還是一位宗教家。雖然在他誕生之前尚施行國王世襲制度，但天御中主命初次提出了應由傳達神之旨意者來統治國家的主張。從此意義來說，天御中主命是多以宗教、政治為中心的日本天皇的締造者。

天御中主命亦具有巨大的靈性能力，他的「出口之言，必能成就」的能力家喻戶曉，所以舉國上下的人都知道他具有神秘的力量。例如，天御中主命預言：「鄰國將於某月某日向我國提出睦鄰合約」，果然被言中。他說要在三個月內建設一個巨大的京城，於是資材和人才便不約而同地集聚起來，最終能夠順利地完成這一巨大的工程。對他來說，事事如此。

此外，他善讀人心，因此君臣中無惡人，徹底地實現了德治政治。御中主思想即所謂光一元思想，他常斷言：「唯善是真理，唯光是真理」。而這句話產生了創化力，使一個光明的世界在世間展現出來。故九州人以有如此偉大的人物而自豪，世代把天御中主命推崇為近乎根本神那樣予以尊敬。

御中主創建的南九州政府被稱之為高千穗國，而第二代的國王即是高御產巢日命，此時已不是父子世襲執政，可以說與「禪讓」相似。御中主把王位讓位於君臣中最有靈性能力、德高望重的高御產巢日命。高御產巢日命有非常敏銳的靈視能力，即所謂「千里眼」，他雖身坐城中，卻能百分之百地把握敵情，因此有戰必勝。

之後的第三代國王是神產巢日神，他亦有過人的靈言能力，他能夠做到接受早先歸天的天御中主命給予的指導，並把它作為制定國政的指針。這裡列舉的三位，均是提高了日本神道系統靈格的八次元如來界存在。

## 二、美麗女神登場

西元前七六五年，伊邪那岐命誕生在現在的日本大分縣地域，他在二十四歲時，結識了名叫伊邪那美命的女性，其後，結為夫妻並得子，這個孩子即是後人稱之為天照大神的女子。天照大神有個小兩歲的弟弟，名叫須佐之男命。天照大神與母親伊邪那美命很相似，性格溫和、穩重，而弟弟須佐之男命則相反，性格暴躁。

天照大神在日本神道中是最高神、主宰神。天照大神雖是女性，但亦榮登王位，成為第一位的女帝王。自天御中主命之後，她是第五代高千穗國的女國王。

來自高天原，即八次元如來界天御中主命的神示，讓天照大神成為第一代的女國王。那時，地上界的人接到了八次元傳來的指令：「為了把這個國家建設得更美麗，需讓女性統治國家，把名為伊邪那岐命的品德高尚的人找出來，並讓其女治國。」

如此，日本的神代時期，是在接受了天上界的神示之後，選定了下一任的當政者。當時的國王地位繼承不是終身制，若當政人產生了邪欲之心，天上界就會傳來神示，命其交出王權。常言道：「祭政一致」。當時，地上界靈能者居多，這種人很受人們的尊敬，故通常是由具有最高靈能力的人做統治者，崇仰神示、執掌國政。

因當時在明確的高級靈的神示面前，無人提出異議，所以政治秩序安定。若與那個時期相比，觀察以知名度選舉政治家，根據數量的支持力進行統治、治理的現代，不免會產生無秩序之感。由在真理面前盲目的人，或爭權奪利的人擁立的政治，其中會有愚民政治之觀念。政治應儘早轉向德治，並希望有德之人從政，走向健康、向上之道。

天照大神並非王族出身，僅是一個豪族伊邪那岐命的女兒，但應神示之邀，做了女國王。她氣質高雅、胸襟豁達、舉止穩重，神秘的尊嚴使人敬畏。雖然她在位只有二十年左右，但在此期間，國威上揚，朝貢者絡繹不絕。

在上面已經提及，須佐之男命與其姐姐的性格相反，是個性格極為粗暴的武士。他在政治觀點上與姐姐不合，常使姐姐為難。雖然天照大神主要著眼以德政使周圍列國恭順，但須佐之男命認為這太緩慢，因而親自駕馬、帶領武士向九州諸國和四國等地進攻。

天照大神等諸神靈活躍的時代，是釋迦活躍在印度時期的一百年前左右。雖然傳說中的神秘色彩很濃，但從實在界的歷史觀點來看，這段歷史並不古老，詳情清晰可見。

譬如，天照大神即位第三年，須佐之男命曾率千名武士出征出雲國。當時，出雲國的豪族們為了迴避與須佐之男命的正面衝突，便施了一計，即同意和睦相處，但有一個條件：當時，出雲國的簸河上游有八岐大蛇作怪，若須佐之男命能治服怪物，出雲國便以嫁奇稻田姬為和睦相處之保證。

在此順便說說有關八岐大蛇之傳說。雖然在現代這種怪物已不存在了，但當時在日本列島上確實存在著巨大的爬蟲類動物。根據傳說，所謂八岐大蛇有八頭八尾，體大如山，體鱗上能生樹。在此，將時間照準二千六百多年前的時間略做靈視。

靈眼可見，在簸河上游確實有大蛇活動的跡象，常吞食人，使鄉村的人們惶惶不可終日。又可以看到，村裡的人把活著的小姑娘供於大蛇的洞穴口，人們不等到達洞穴口便驚恐得四散而逃。

的確有一條約有十三米長的大蛇盤踞在洞穴中一動不動，大蛇形似大蟒蛇和王蛇的合成怪物，軀體寬有一公尺之多。雖不像傳說那樣有八頭八尾，但卻有三頭三尾，好似三體連結的孿生蛇。那閃著寒光的六隻眼睛令人毛骨悚然。

進一步對其靈體部位做靈視，便可發現它似乎不是蛇靈，看上去像是某些仙人用靈能力把幾個邪靈封閉在大蛇之中。在這條大蛇的肚子裡已有好幾個被吞食的人體，其中好像也有前來降服大蛇的武士，可以看到利劍在閃閃發光。

須佐之男命亦是個有靈能力的人，他在大蛇的洞穴前擺設祭壇，向天上界的八大龍王做了降伏大蛇的祈願，在請八大龍王鎮住邪靈之後，治服了大蛇。須佐之男命從大蛇體內抽出一把天叢雲劍，須佐之男命將此劍獻給了天照大神。

那時，天照大神為了祈求弟弟須佐之男命的荒唐舉動早日平息，隱居於天岩之戶。經過八十天的隱居，於這一天初出門戶，與弟弟和解了。但後來須佐之男命孤意遠征新羅（朝鮮），因此被驅逐出了高千穗國。

## 三、卑彌呼的時代

有天照大神那樣高尚靈格的女性之出現，並且首次做了女國王，這似乎在日本的國民性上起了影響。尤其，天照大神豁達、細膩、安穩、優雅和美麗等女性的氣質，造就了「大和心」，留傳於後世。

女性的「女神界」被視為與男性的如來同一境界，其中，有雅典娜、天照大神、豐玉姫；在佛教系統中有光明皇后；在基督教系統中有聖母瑪莉亞和海倫．凱勒等人。

繼而，在這女神界的下一層，還有日本的卑彌呼。當卑彌呼在九州誕生時，在西洋，耶穌及其弟子過世後，逐步進入了原始基督教盛興的世代，此時正值西元二百年左右。

在卑彌呼的時代，天照大神的高千穗國已變成了一個弱小國家，而在九州，面臨有明海、展望阿蘇山的地域，有個在中國歷史記載中被稱之為「邪馬台國」的國家，擁有當時被稱為「大和國」的巨大勢力，以武力使九州的三十幾個小國順從。這個大和國後來發展成了大和朝廷。

卑彌呼（編注：日語讀音Himiko）是音譯之名，其實她當時的名字叫日向（編注：日語讀音Himuka）。

卑彌呼亦是靈能者，她在接受天上界天照大神的神示之下掌政（祭），所以，當時的大和國主宰之神，即是在七、八百年前降生過的天照大神。

卑彌呼的政治特徵有三點；其一：每週一次請神靈降臨，斷定國政；其二：採用許多女性從政；其三：每逢春秋舉行祭典活動。

當時，很重視血緣，故有許多近親結婚現象。卑彌呼的丈夫，實際上是她的弟弟。他們生下了大帶日子淤斯呂和氣命（景行天皇）。這位景行天皇的太子便是日本武尊，其妻是弟橘媛。大約於三世紀末至四世紀初，九州朝廷展開東征，在以奈良為中心的地域構築了大和朝廷。

東征英雄、初代天皇神武天皇（神日本磐余彥命）之傳說，在學術上存有是否是實在人物的疑問。須佐男之命和日本武尊的英雄傳說，對神武傳說之形成給予了不少的影響。

日本武尊是如來界的人，是為建構國家方面的主要高級靈之一。他的過去世，曾是建立中國漢王朝的中心人物韓信（西元前三世紀—前二世紀），並在明治時期轉世為日本陸軍大將元帥山縣有朋（1838—1922）。

## 四、聖德太子的政治

卑彌呼時代之後，經過了大約三百五十年左右，在以近畿地方為中心的地域，逐步鞏固了大和朝廷的基礎，國力日益豐厚起來。

五一三年，朝鮮的百濟相繼派遣五經博士來到日本，傳教儒學。五三八年，百濟的聖明王正式送佛典、經典到日本。實際上，透過民間交易，早在那一百年前便引進了佛教的部分思想，故形成了接受佛典的基礎。如此，在六世紀時期，進口海外文物盛行，這與西歐思想風靡了十九世紀的日本所處的環境很相似。

在這樣的時代背景下，用明天皇的第二皇太子廄戶豐聰耳，聖德太子（574—622）誕生了，太子在叔母輩份的推古天皇即位後，攝政治理內外，建立了中央集權國家的基礎。

首先，他在六〇三年制定了「冠位十二階制度」，在這個制度之下，人們不再受姓氏制傳統的束縛，廣泛地徵召了人才，修正以姓氏顯示其氏族的全體地位的制度，給予了個人冠位。這種思想在現代的官僚制度中仍然延續。觀日本歷史可知，雖然經過了千百年的歲月，但它仍然不失其新意。

「冠位十二階制度」受到了儒教的影響，對「德」、「仁」、「禮」、「信」、「義」、

「智」大小區別做了制定。聖德太子的本心，在於早日脫離氏族制度，實現根據人的能力和人格的高低給予地位的制度。他曾設想，將實在界金字塔式的階層組織形式在人間世界予以實現。

聖德太子的第二政策，即於六〇四年制定了《憲法十七條》；在這部憲法中不但表現出了儒學、佛教的思想，而且還有諸子百家之中法家思想的影響。憲法的理念，在於確立儒學的秩序，明確地宣揚佛教的真理，和樹立政治基本原理。聖德太子是個英才，他在短時間內吸收和理解了佛教、儒教、法家和道教等思想，並形成了自己獨特的思想。

特別是憲法第一條「以和為貴，無忤為宗」之精神，可以說在其後的千百年間，幾乎成為日本國舉國認同的觀念。在日本現代企業組織中亦有體現。在聖德太子的思想之中，首先是建設個人心中的烏托邦，隨之是建設國家整體的烏托邦、佛之國土。

再比如，第十條中寫道：「絕忿棄瞋，不怒人違。人皆有心，心各有執。彼是則我非，我是則彼非。我必非聖，彼必非愚。共是凡夫耳……彼人雖瞋，還恐我失。我獨雖得，從眾同舉。」這個思想，是以「自他無別，同為一體佛子身」為基礎的。

在第四條中有「群臣百寮，無有嫉妒，我既嫉人，人亦嫉我。嫉妒之患，不知其極。……其不得聖賢，何以治國」的內容，這裡亦在表明，心的教誨與理想國家之道為一體；可以說，聖德太子對「面對之人實為照心之鏡」之真理已有十二分的理解。

在第十七條中有「夫事不可獨斷，必與眾宜論」的內容，這實際上是民主主義的規則本身的體現。若知曉這部憲法是制定於六〇四年，便能夠明白，聖德太子之舉領先時代千百年，亦可以說，真理是永恆不變的。

本書的第二章已敘述過，聖德太子的過去世是希臘的聖賢梭倫，據此可知，雖然講述的是政治性真理，但在根本上是一致的。貫穿在《憲法十七條》整體中的精神，是透過道德性教化施行政治制度的精神，它明確地表明了政治統治者重道德，施行德治國家的政策。在此，民主主義與德治主義的融合體制誕生了。此外，我認為，這好似古希臘城邦國家（Polis）的民主政治與柏拉圖的哲人政治之融合。

聖德太子於六〇七年，派小野妹子為遣隋史，在促進國與國之間的來往、輸入大陸文化上做出了努力。在這方面顯現出了將引進海外優秀文化，並把它化為獨特的日本文化的日本精神。

若論聖德太子的功績，在興隆佛教方面尤為顯著。正如《三經義疏》的著述那樣，聖德太子建立了法隆寺和四天王寺等。在生活中，他為妻子橘郎女留下了「世間虛假，唯佛是真」；為田村皇太子留下了「財物易亡，無須永保。但三寶不可絕，應以永傳」的遺言。從各種意義上來講，可以說聖德太子是構築了日本國之骨架的偉大如來。

## 五、最澄

當聖德太子的時代結束後，奈良佛教的時代到來了。這時，佛教中已稍有學問化的傾向，並出現了宗派劃分，有「三論」、「法相」、「成實」、「俱舍」、「華嚴」、「律」等，人稱南都六宗。這時期在經典研究方面取得了一定的進展，東大寺大佛的鑄造和鎮護國家的思想之抬頭，留下了時代的特徵。隨後，桓武天皇遷都平安（794），使平安時代打開了新紀元。

能夠代表平安時代的宗教家有兩個人，首先是最澄（767—822），其次是空海（774—835）。

最澄是日本天台宗的開山祖，人稱傳教大師。他出生在近江國（現在的日本滋賀縣），十四歲時出家於近江僧、行表的門下。他於七八五年進比叡山，研究各種佛教經典。隨之完成了「任何人均能成佛」的一乘思想，並籌備設立新教團。八〇四年，最澄與空海同時期入唐；八〇五年回國，於次年成立了天台法華宗，與南都佛教界的諸勢力做了激烈的爭論。

其中，與法相宗的德一之間掀起的一場爭論很有名，即法相宗的三乘思想（佛教修行者到達的境地有高低三個差別的思想），與天台的一乘思想（任何人均能成佛的思想）之間產生了比優劣的爭論。最澄與來自南都佛教界的攻擊對抗，打破了南都獨佔戒壇的局面，把自己的生涯注入於樹立天台宗獨自的大乘戒壇的獨立運動之中。他的著作有《顯戒論》、《顯戒論緣起》等。

在此，試以立足於實在界，用真實觀點對最澄再做評價。最澄原是菩薩界的高級靈，他為了完成自身的使命入唐，將天台宗引入日本。這也是天上界的計劃。那時，天台大師等高級靈在天上界給予了最澄指導。可是其後他的心境波動很大，他在與法相宗的德一做爭論後，在他的內在，鬥爭和名譽之心以及自我顯示的欲望漸漸抬起頭來。天台的「任何人均能成佛」的一乘思想，在人有佛性的觀點上來看，它呈現了真實的一面，並且在可能性、希望的原理上是正確的。但是，我們應該知道，對於佛教修行者來說，有與其覺悟的階段相應的靈魂境界存在。

現在，在實在界中有與覺悟階段相應的，是從四次元到九次元的六個階段。這即是說，所有的人均有佛性，有佛子的實相，但在佛性的發揮程度上存在著階段性之別。這意味著相比較下，法相宗的德一的三乘思想反而接近真理實相。

在結局上，最澄的內心產生了焦躁。因此，他為了確立自己的教團使用了各種政治權謀。此外，他對年輕俊傑，而且逐漸具有影響力的空海產生了嫉妒心，並設下了圈套。真理中既有平等智也有差別智，但最澄只認唯有平等智是真理，在理論上囫圇吞棗，攻擊南都，在說教上出現了錯誤（天台本覺思想，見註文）。

內心懷有高傲、嫉妒之心的最澄，於八二二年過世。他在靈界經過了一千一百一十三年至今（一九九五年現在），仍然勵行於反省修行。或許是由於他對自我要求嚴格的性格，以至於他對於後來比叡山中所發生政治權力之爭，以及不斷出現的墮落之僧，都讓他無法原諒他自己。

註：「天台本覺思想」——認為人本為已有覺悟的存在，它與只有透過修行方能獲得覺悟的「始覺思想」相對峙。天台本覺思想在佛教上是一種墮落的思想傾向。

## 六、空海

在同一時代，著名的僧侶還有比最澄小七歲的空海（774—835），即人稱弘法大師者。空海出生在日本讚歧國（現在的日本香川縣）的佐伯一族。他在十五歲時進京考入了大學明經科，不久便展現了出色的才華，但是他放棄了成名成家之路，於二十歲時，踏上了流浪之途。

他追求的佛教，不是世間飛黃騰達的榮耀，而是釋迦在大悟時所獲得的悟道體驗。於是，他仿照釋迦出家經歷，在日本四國的山野徬徨。空海在瀑布做衝打修行之後，便順著山脈走向高知（土佐）。他在德島（阿波）的大瀧山，遇到了一位修驗者。這位修驗者對他說：

「你與做瀑布沖打修行的人不同，在能展望晴空和大海的地方做修行會更適合你。此後，你到南方去吧，沿著海濱去日和佐村吧！拿著斧頭劈開山道走向南方吧！若有幸沒有被毒蛇咬傷，你可用兩天左右到達大鬼出沒之國、土佐的室戶岬。」

說這話的修驗者是具有讀心能力的靈能者。當時，空海熱中於追求一種「虛空藏求聞持法」的超能力密法，但在瀑布衝打修行中並未獲得神通力。所以他便聽了修驗者的話，沿著山脈走向土佐、室戶岬，最後到達了最御崎，並且在那裡找到了一個適合禪定的石窟。

空海似乎想讓自己能像釋迦那樣，在菩提樹下做以中道為中心的修行，進入禪定後獲得大悟，他希望自己在此地也能獲得大悟。

以我的靈眼觀察，那個石窟的入口直徑似乎有二點五公尺左右，洞深似乎有二十公尺左右，看上去石面經受了太平洋激浪長期的侵蝕。空海準備了柴米，做了大約二十天的冥想修行。奇蹟的瞬間是在第十五天的黎明到來的。開始時，禪定中的空海身體前後微微的搖動，隨即，其身體漸漸變大，移動出了石窟，可俯視土佐的海浪。令其震驚的是，一個閃耀的黎明晨星，飛進了軀體變得巨大的空海的口中。空海在此時體會到了「宇宙即我」的神秘體驗。那時，空海的年齡大概是二十歲又七個月。

他經過這種神秘的靈性體驗之後，便根據自己變成與宇宙同等大的禪定心像，定了自己的法名為「空海」。此後，空海具備了靈視能力和靈聽能力，開始與實在界的諸靈人做交流。那時他的指導靈是以大日如來之姿顯現的佛陀和不空三藏。空海在不空三藏之靈性指導下，於八〇四年入唐，在中國長安拜慧果和尚（746—805）為師，也因此，慧果在臨終時指名空海為法的繼承人。

空海於八〇六年回朝，冷眼旁觀正活躍的最澄，在樹立真言密教之路上努力精進。十年後的八一六年，在高野山建立了金剛峰寺，正式創立了真言宗。進而，於八二三年，成為了京都東寺的住持，使東密興盛起來。空海認為天台、最澄等的顯教，畢竟只是為了教導生存著的人的教誨，只有獲得了真實的覺悟和真正的靈性救濟能力，才是真正的修行，他認為只有密教才屬於真實的教義。

在現代，許多人認為密教好似一種巫術，但其本意畢竟是要回歸原始佛教，屬於主張回歸釋迦大悟之精神的一種行動。

空海的偉大之處，即在其提倡「即身成佛」的同時，並未在小乘佛教上止步，從未失去救濟大眾之心。這表現在日本香川縣（讚岐國）建設滿濃池，和八二八年在京都創辦「綜藝種智院」等行動中。現在，空海在八次元如來界，勤勉於研究佛法，他的研究課題是「心念的性質」。他認為，心念的性質把人分成了幸和不幸兩種，對心念的控制和調整的方法需要研究。現在，他在靈天上界著手真理大作，這將超過其過去世中的著作《十住心論》。可以說，對佛法探究的強烈熱情，是空海和最澄之間境遇相異的原因。

然而，若要指出空海思想中的危險問題點，即可以說是「即身成佛」的思想了。其實，在德一唯一的現存著作《真言宗未決文》中，批評了真言密教缺少「行」和「慈悲」，並且在做批判的同時，嚴正重複強調：「即身成佛在事實上幾乎不可能實現」。

的確，在「即身成佛」論中有與「本覺思想」相通之處，有把人們誤導向頓悟性覺悟的感覺之危險面。在真言密宗的流派中，在後世誤入了這個危險圈套的，是被後人稱作興教大師的覺鑁（1095—1143）。

他當時意圖將流行的淨土信仰與真言密教融合起來，推進了僅唸誦真言就可「即身成佛」的急進性密宗念佛信仰。一時間，獲得了鳥羽上皇的後援，勢力得到了急速的擴大，但他被金剛峰寺的勢力用武力流放，後來逃往和歌山縣老家，最後在悔恨中死去。

他被視為是新義真言宗的開山教祖，在密教系統中也有許多人給予很高的評價。但實際上，他墮落入了地獄，成了惡魔在黑暗中活動著。在現在支配著「真如苑」和「阿含宗」兩支密教系統的邪教教團。

總之，空海講述的「即身成佛」的思想，對修行者在個人資質方面有很大影響，這從他的直系弟子、十哲（實慧、真濟、真雅、泰範、智泉、真如、道雄、圓明、杲鄰、忠延）之後，並未持續出現許多後繼者的事實中，便可略見一斑。

此外，「即身成佛」論與單純的「天台本覺思想」不同，在空海的主要著作《秘密曼荼羅十住心論》的「十住心」觀點上，明確了人的心有十種層次，並且對不同的層次提示了相應的教義。

這項工作，可與天台智顗作為「教相判釋論」而展開的「五時八教」論和《摩訶止觀》等並駕齊驅。這意味著，空海應是一位與僅靠念佛，或唱誦題目便可得救的、後世墮落型的「天台本覺思想」劃清界線的宗教思想的巨人。

## 七、念佛宗之興起

此外，平安佛教中又興起了一個淨土教之潮流。淨土教的思想主張是：若願望得到阿彌陀佛的拯救，須一心念佛，這樣便可往生於西方淨土，獲得永遠的幸福。或許已經有人意識到，這種思想與基督教的思想極為酷似。其實這是必然的結果。這個佛教思想是愛爾康大靈在天上界對佛教大乘思想的指導之一。早先，擔負著救濟精神的耶穌時代，曾經是耶穌·基督的弟子們，在後世轉生做了佛教僧侶，故形成了這種思想。

首先，曇鸞（476—542）對世親的《淨土論》做注解，著書《淨土論註》，書中把悟道分為「難行道」和「易行道」。「易行道」是乘佛願力的凡夫往生之說；其次，道綽（562—645）在《安樂集》中，把佛教分為「聖道門」（自力門）和「淨土門」（他力門），勸人在末法世間，以誠心皈依阿彌陀佛為理想，以淨土往生為首願。在初唐時期，更有善導（613—681）將這種中國的淨土思想傳承過來。如此，對阿彌陀佛之本願即救濟的力量信仰、皈依，稱名念佛，以唸「南無阿彌陀佛」為正行，使中國的淨土教得以完成。

時至日本平安末期，與逐步興盛的末法思想相通融，淨土信仰出現了。其中，有位名僧，名稱惠心僧都源信（942—1017），出生在大和國（現在的日本奈良縣），十三歲時在比叡山良源的門下出家，後來講述了念佛往生之道。

源信的過去世是約翰，曾施浸於三十歲的耶穌。他的後世在日本作為源信轉生之後，再轉生於瑞典，是寫下了龐大的靈界探訪記錄的神秘思想家、科學家史威登堡（1688—1772）。源信在後來的史威登堡時代，時常靈魂脫離肉體探訪天上界，同樣，源信也似乎經常能夠做到靈魂離開肉體，幾度觀訪了天堂和地獄。他根據靈性的體驗，使地獄、極樂、六道等觀念有了思想結晶，在經文節錄的《往生要集》中即看到如此有魄力的記述。

源信的思想核心，存在著引導眾生的三個階段之道。首先是勸導人們觀天台教學之理的「理觀」；其次，若體會不到這種境界的人，則勸導觀想佛的具體相狀的「事觀」；最後，對那些無法承受上兩個階段、罪惡深重的眾生，作為方便之道則勸導「稱名念佛」。他的方便之道「稱名念佛」，經良忍（1072—1132）傳承到了鎌倉時代。源信是如來界的人。

淨土門進入鎌倉時代之後，由黑谷上人法然房源空（1133—1212）的活動，形成了一個急湍之流。法然是美作（現在的日本岡山縣）的豪門之子，九歲時喪父出家，十五歲上了比叡山，做了黑谷的叡空之弟子。四十三歲時，以唐代善導的《觀經疏》和源信的《往生要集》為兩個基柱，確立了專修念佛的教義。後遷移到了東山的吉水之後，其專修念佛的教義便在貴族和眾生之間普及化，聲望高漲。但遭到了以奈良、比叡山為中心的舊佛教勢力的強烈抨擊和壓制，於一二〇七年，被流放到了讚岐。

法然的教義，在其主要著作《選擇本願念佛集》中，明確地提倡「捨棄諸行、選擇口稱念佛」。法然是菩薩界上層的人，其過去世是基督的十二弟子中的聖多馬（St. Thomas），唸「南無阿彌陀佛」等於基督教的「阿門」。

當時，在天上界指導法然的指導靈，同樣是十二弟子中的中的聖馬太（St. Matthew）。馬太亦在不久之後作為親鸞的弟子、唯圓誕生世間，留下了著作《歎異抄》。在第三章第五節已講述過，法然的過去世是曾在印度做了龍樹繼承人的提婆。在此隨筆加註，他們是靈魂兄弟。

## 八、親鸞的出現

接下來是鎌倉時代的宗教家代表之一親鸞（1173—1262），法然的教義稱為淨土宗，而親鸞的教義稱為淨土真宗。

親鸞是名為日野有範的京都貴族出身，九歲時上了比叡山出家，受業於高僧慈圓（1155—1225）門下。他自少年時代起就有秀才的聲譽，故當時有將來承擔叡山重責之人才的名望，但是他早已認識到，無論自己的學問在比叡山如何受到好評，自己畢竟未獲大悟，因此不能如此長久下去，於是決定下山。此一舉動就好比是將來有希望做東京大學校長的學者放棄了機會，或好比是將來能夠做日本超一流企業的社長的優秀青年提出了辭呈。所以，這在當時是件震動了比叡山僧團的大事件。

一二〇一年，親鸞在二十八歲時，閉門於京都的六角堂，打坐冥想百日。他在那時獲得了與靈視相近的靈性體驗。某日晚，他為了淨化自己當年曾是僧侶中之佼佼者時的心靈污垢，點起了燭燈，以半目狀態進入了反省冥想。

不久，他彷佛看到燭火搖擺起來，隨之火苗升至三十公分之高。親鸞此時不解其意，仍舊持續冥想。這時，在他的面前出現了一個頭戴烏紗帽，一副貴族打扮的人。

此人自稱是聖德太子，說道：「有佛緣在，故我觀護你已有二十八年之久了，我是為了告訴你『你的人生轉機已到』專程而來。」親鸞為之驚訝不已。聖德太子向來是他甚為尊敬、崇仰的人，誰知聖德太子竟然是自己的指導靈，故心中為之一震。

聖德太子還說，親鸞的過去世曾在西方之國做阿彌陀如來的弟子。親鸞雖然能接受其言，但太子所說的阿彌陀如來，是指透過拿撒勒的耶穌・基督所顯現出的佛陀力量之別名，親鸞的過去世即其弟子保羅（Paul）。

太子在靈示了親鸞的過去世後，言道：「今世，有說教阿彌陀佛的教義之人，其人是吉水的法然，你去訪他求教吧！這必能使佛道修行之道對你大開。」於是，親鸞即拜在法然門下，在念佛信仰上回心。

此外，親鸞在六角堂還獲得了另一個靈性體驗，雖說他是讀破萬卷佛經的優秀學僧，但也免不了要與肉體煩惱做激烈的鬥爭，這也是親鸞下山的理由之一。他在六角堂時，二十八歲的年輕生命活力使肉體煩惱累積、膨脹。某日，在親鸞的夢中，出現了美麗的救世觀音，並給他靈示。

「善信（親鸞）啊！你難以抑制肉欲，是因為你有前世的宿業。你在前世未攜妻，把成家視為惡，而在情欲旺盛時發癲癇，經常不省人事倒在地上。若今生亦如此，必形成同樣的宿業。如此下去，你不久將會犯下侵犯女子之罪。

但你不要過於自悔，我、救世觀音在此化為玉女，讓你懷抱，你用全身來接受我的愛吧！把這份喜悅化為拯救世人的動力源泉吧！對那些在罪惡意識面前恐怖的人們，用你巨大的愛的力量去寬容吧！如同聖德太子所言，你是持肉身的菩薩，持肉身的菩薩只有結交肉身的觀音，方能湧現出救世的力量。」

若從現世的觀點來看，親鸞是個敗在肉欲上的苦悶的修行僧，然而，他在法然門下學習念佛之教義的同時，自覺到自己的破戒僧的罪過意識及其拯救方法，在保羅式的宗教倫理中，深入了醒悟的過程。既而，親鸞深入觀視了人之罪過，得知了「人僅靠自力高傲是無法得救的。應該把渺小的自己拋向阿彌陀佛的面前，才能感受到有偉大的愛在包容著自己」。

親鸞的絕對他力的思想，在某種意義上來講，可以說是對釋迦的無我思想做了親鸞式的解釋。我認為，以「無我」為媒介，親鸞的他力和道元的自力，實際上在思想上極為接近。

正如弟子唯圓的《歎異抄》中指出的那樣，親鸞的「惡人正機論」即是其真意所在。隨後，親鸞的淨土真宗，傳承到了室町時代的蓮如。蓮如（1415—1499）的過去世，也是基督的十二弟子之一的安德魯（St. Andrew），他也是菩薩界的靈人。

## 九、榮西與道元

若說在鎌倉佛教中，念佛宗的「他力門」是一個極點的話，那麼禪宗的「自力門」便可以說是另一個極點。稱名念佛便可以獲得拯救是「易行道」的教義，與此相對，自力門的基準則是，佛教的修行者要獲得悟道，在世間做努力和精進的累積畢竟是必要的，這個觀點自釋迦時代以來絲毫未改變。在徹底磨練自己的意義上來講，可以說禪宗是「難行道」。

在這樣的時代下，首先出現了榮西（1141—1215）。榮西是日本禪宗（臨濟宗）的開山教祖，他是京都的建仁寺和鎌倉壽福寺的開山之人。

榮西出生在現在的日本岡山縣的主祭之家，十九歲進比叡山，學習天台宗和密宗。其後，於一一六八年和一一八七年，兩次在中國宋朝時期留學，學習禪宗的教義。雖然他在第二次回國後的一一九一年，立志熱心傳佈禪宗，但與鎌倉時代的其他新興宗教一樣，也受到了比叡山天台宗等勢力的壓制。對此，榮西提出了禪宗是鎮護國家的宗教之主張，他的《興禪護國論》於一一九八年問世。

的確，榮西是日本禪宗的創始人，若觀其後禪宗給予日本歷史、文化的影響，便可以說他是一位不得了的事業家。但榮西的臨濟禪，即所謂公案禪的本意，並未能得到正確的傳承。

公案禪的真正本意，是在坐禪中保護自己免受魔鬼的誘惑，同時又能深入探究自己內心，而不會落在後世所謂「禪問答」的奇問奇答之上。不過在現代卻迷失了其本意，完全是附隨於形式，這是令人遺憾的。榮西是居住在梵天界的高級靈，他亦對自己的教義變成了形骸化的公案禪，深感遺憾。

在榮西的第三代弟子中，道元（1200—1253）脫穎而出。道元是日本曹洞宗的開山教祖，他十三歲時出家上了比叡山。二十四歲時，與師父明全（榮西的弟子）一同入宋，以如淨為師受傳曹洞禪。從宋歸國後，寫下了《普勸坐禪儀》，勸人坐禪，並在《辯道話》中闡明了自己的思想立足點。隨之，在日本首次寫下了《正法眼藏》這一部具有哲學性體系的著作。

與道元同時代，在他力門最高峰時期的親鸞異常活躍，道元對淨土宗加以嚴厲的批判，把稱名念佛比作是「好似春天裡水田中的蛙鳴」。首先，對道元來說，末法思想是無法忍受的。

他主張：「類似正法、像法、末法的時代區分法那樣，把時代當做斷定真實的佛法能否傳承的主要原因，這只不過是在向外在轉嫁責任。真實佛法之精髓在於勵行佛法的人心，絕不因時代、環境而有所改變。」

即使是在正法時代，在釋迦的時代，亦有根機拙劣的人無法覺悟，又未能得救；而在末法時代，若心與行為端正，也必定有到達悟境的可能。不能不說，徒然宣稱末法時代，在人心中喚起墮落向地獄的恐怖心以獲得信眾的做法，是完全本末倒置的嚴重錯誤。

身體健康、能夠辨別善惡的人，若努力修行，必有獲得覺悟的機會。對於人類來說，不應該偏離佛道修行的根本原則。這個根本原則是指什麼？覺悟並不是指在修行的結果上獲得的是什麼，在修行展開的過程本身之中有悟境，修行本身即為證悟的「修證一如」才是重要的。不可安逸地希望極樂往生，即使其人愚拙，也應該發心修行求道，步上佛教之本道。

以上例舉的內容是道元的想法。道元是位詩人、哲學家，也是最高的修行者，但可以說他忽視了人之修行的兩個側面。人一方面是為使自己無限向上，完成必須做出努力的存在；另一方面是必須向他人施愛而成長的存在。雖說僅是念佛的行為本身，並不能拯救人，但在念佛宗的背後，畢竟有深厚的人間愛。道元現在居於菩薩界中層，在針對「愛」的課題做修行；如果不能成為真實的愛體現者，修行者就不能獲得最高的菩薩境界。

禪宗除以上代表者之外，還有天台智顗的靈魂兄弟之一夢窗疎石（1275—1351），在室町時代致力於佛教的興隆。他與智顗相同，是位具有政治能力的宗教家，據傳有弟子一萬三千餘人。

## 十、日蓮之吼

以上，是對鎌倉時代的佛教的講述，但如果忽略了日蓮（1222—1282），就不能說是完整的鎌倉佛教。

日蓮是安房國（現在的日本千葉縣）小湊出身的，十四歲時上了清澄山，十六歲時受戒，法名是「蓮長」，學習淨土教。其後，在鎌倉、比叡山修學天台惠心流派，他在眾多的佛經中，深受天台大師和最澄的影響。

日蓮於一二五二年回到了清澄寺，次年，以《法華經》為佛教真髓立宗，但是他的法華經至上主義排斥打擊了其他宗派，引起了寺內念佛僧和地頭・東條氏的憤怒，因此被趕出清澄寺，日蓮因此逃離鎌倉。他提出了「念佛無間、禪天魔、真言亡國、律國賊」的「四個格言」，對其它宗教進行了激烈的攻擊。他主張《法華經》是唯一正法，指出皈依這個教義，不但個人可獲得拯救，國家亦能保平安。

他指出，從一二五七年至一二六〇年，在東國發生地震和飢荒等連續的天災，皆因「惡法」專橫跋扈之因所致，預言若不皈依「正法」，內憂外患最終會導致亡國之苦果，並著書《立正安國論》上呈北條時賴，結果，幕府把日蓮流放到了伊豆伊東。他被赦免後，又受到了東條氏更嚴厲的鎮壓和迫害，再次被流放到了佐渡。由於日蓮預言蒙古外寇騷擾兩度言中，幕府對其預言的神秘性感到驚訝、恐懼，因而赦免了他的佐渡流放罪（但日蓮預言日本將被蒙古佔領的預言落空）。日蓮在流放佐渡期間，著書《開目鈔》、《觀心本尊抄》，提出唱誦「南無妙法蓮華經」的題目即可挽救眾生。

以下，我試從七百年後的真理觀點上，對日蓮的思想和行動予以評價。

首先以現代的觀點，從狂信性、排他性、獨善性和封閉性等觀點做觀察，不能否定，鎌倉時代的日蓮宗是一種世紀末崇拜（cult）。

其次，就法華經至上主義來說，釋迦的教義有成百上千的法門（八萬四千法門），認為唯有《法華經》正確，其它的經典沒有釋迦本懷思想的傳達，此認識是錯誤的。各種佛教聖典與基督教的聖經同樣，均是弟子們的筆錄、編纂構成的，當然可以說釋迦教義的本身未能完整地傳下來。從學問的見地來講，法華經是在釋迦入滅的四、五百年之後成立的有力佛經，但也只不過反映出了釋迦晚年的思想之一部分而已。總而言之，各種經典均是釋迦與弟子們之間，在時間、地點、人物三者影響下構成的對話記錄，所以不存在誰是唯一真理的問題。

再者，就其抨擊其它宗教一事而言，則可以說有功罪兩面。功的一面，在於它形成了日蓮宗獨特的，且具有熱情的行動力的源泉。傳播真理時，若無洋溢的熱情是絕不可能廣泛普及的。此外，在獲致真理的強烈信念和把他宗看成邪教的觀點上，基督教亦同樣。雖然原本同出於同一教義，同一真理，卻由於各種人的不同解釋，以及靈魂幼稚的人們的異樣錯覺，看到的似乎是完全不同的真理。這即是說，與祖師不同，弟子們只能理解到其中的局部。

所以，空海的真言密教、親鸞的真宗、道元的禪、日蓮的法華經等等，均僅屬於佛教法門的一個部分。這即是說，釋迦的教義原本囊括其所有。關於釋迦思想的整體，若閱讀我的《覺悟的挑戰》、《沈默的佛陀》以及《太陽之法》等書籍，便可以理解到，僅是唱誦「南無妙法蓮華經」的題目，便能獲得拯救的日蓮教義，違背了佛陀的本心。總之，日蓮抨擊他宗的做法，在迅速傳播真理之上可給予評價，但把其他宗派斷定為「邪」教，則是錯誤的，因為親鸞、道元與日蓮同樣，都是高級靈。

此外，要想理解日蓮的思想與行動，勢必需要檢討其樹所結出的果實。現代有謊稱是日蓮正宗在家信徒團體（早已被本山破門）的創價學會之邪教在蔓延，此團體早在發揚時已有誤。實質上為創始人的第二代會長戶田城聖是為了應付自己事業經營上的失敗，採取應急措施的方法，利用僅唱誦題目即可解脫的日蓮宗的弱點進行了佈教活動，但出乎意料地獲得了資金。於是，這種滋味難以忘懷，從放高利貸業者變身成宗教團體。後來曾做戶田手下的池田大作領銜時，拜金事業體質更是明顯地展露出來，在「世界和平」的新題目下，宗教以大石寺本山為臉面，政治上利用「公明黨」，建立了利益性團體。但其本質上，這就好像是計程車業者為了逃稅進而建立觀音像，變成宗教法人的例子一樣。

放棄了「上求菩提」，選擇了「下化眾生」之道的日蓮思想，從「慈悲」轉向「墮落」的質變，是不需要什麼深奧理論的。創價學會的會員，對待批評學會的人，從竊聽、跟蹤、威脅、擾亂性電話等開始，甚至到了用狗、蛇、鳥的屍體和粘血的魚、肉做威脅、恐嚇。他們自稱是佛教徒而不感羞恥，或許是因為他們持有著只要唱誦「南無妙法蓮華經」即可成佛的方便的免罪符吧！對他們來說，與戒律和反省是無緣的。

在日蓮之後，日本的佛教中未出僧侶豪傑，這正是因為，只是念佛和唱誦題目即可獲得拯救的思想蔓延，以及釋迦的教義核心之「覺悟」，和伴隨著的「智慧」不受到重視，導致利益主義和洗腦性狂信思想在現代蔓延。

若日蓮主義輕而易舉地被利用到政治上時，那麼它與馬克思主義的差異就幾乎很少了。他們都可以為了目的而不擇手段，因此走向暴力主義和肅清異己，便是很自然的事了。假如這種僅唱誦題目而做什麼行為都可以的淪落性「天台本覺思想」，與政治勢力粘在一起時，將會出現朝向狂信性的全體主義轉變的危險。

每個人都應該拒絕被創價學會的會員竊聽、跟蹤、密告、陷害入獄的未來社會，無論如何都應該避免在每次談話時都必須檢查桌子下面有無竊聽器的、像過去蘇聯那樣的黑暗社會的到來。

總之，我們需要堅定覺悟和智慧的立場。

# 第五章 愛之湧潮時

# 第五章　愛之湧潮時

## 一、始於愛

我在前三章中，分別講述了在西洋史、東方史和日本史中諸高級靈的歷史。從高級靈歷史之完整觀點來講，本書的內容不僅是前所未有，即使在今後也是難以呈現的記錄。

我能夠追記一萬、十萬甚至上百萬年的人類歷史，當然，這絕非是生活在人世間、持肉體的大川隆法之人的腦細胞所留下的記憶。那麼，為什麼我能夠做到呢？這是因為我的靈魂中百分之八十的潛在意識，存在於靈界九次元世界。

不過，盡是講述人類漫長的歷史未必有意義，對於人們能夠有所借鑒的，畢竟還是近幾千年的人類歷史。如果人們能夠將其中展現出來的佛之計劃和諸高級靈之活躍，留存在記憶中傳給後世，這將是十分有意義的。

從這個意義出發，本章並不專注於史實的敘述，而是把焦點集中於具有影響力的預言家之思想，並予以具體陳述。預言家在此是指，透過某種形式，發揚光大了佛的思想、教義的人。我將在本章中記述的是希臘的宙斯、阿波羅；猶太的摩西、以利亞和耶穌・基督；中東的穆罕默德，以及近代日本的內村鑑三、谷口雅春。當然，史上留名的預言家還有許多，這些預言家們每個人也都曾有過不容忽視的顯著活動。

但如把二十世紀末視為人類的轉折點時，就必須向後世的人們舉述這八位人物了。所以，我在此將不拘泥於把他們做基督教、回教、猶太教或神道等外向分類。總之，主旨在將佛意傳達給同時代的人們。

人類歷史不是偶然的產物，在任何時代中都有成為其時代核心的預言家、高級靈界派遣來的使者。無論這些預言家的存在，對同時代的人們來說能否判斷其真正價值，其影響能夠延續千百年卻是事實。

換句話說，每個人類文化、文明史，都可以說是以預言家為中心，從那裡開始的。從每隔幾百、幾千年，都會有預言家被派遣到世間的事實上，可以理解為是佛的偉大的慈愛。

預言家在某個時代的出現，便是佛愛存在的最大證明；時代是以預言家起始、創造和發展的。若把預言家的出現視為佛愛，即可把人類歷史視同起始於愛。隨之，人類在佛愛之湧潮推動下，而今，可隱約感覺到一個新的時代正走向起始。

## 二、宙斯

首先介紹的預言家是希臘的宙斯，宙斯在希臘神話中是主宰神。

宙斯誕生於西元前十七世紀左右，三千六百數十年前。希臘神話說，宙斯誕生在面臨愛琴海的克里特島。雖然佛陀意識的一部份的海爾梅斯，早於宙斯八百年誕生在希臘，播下了洋溢著藝術氣息的真理，但至宙斯時代，海爾梅斯的教義已逐步衰退、形式化了。

希臘是個風光明媚的地方，具有碧藍晴空和神秘藍色海洋的地中海風土，使那裡的人們性情開放、心情開朗。不過，在宙斯誕生的時期，諸國之間的關係開始混亂，戰爭的氣氛日益濃厚。

宙斯誕生在王家貴族，於二十二歲時娶了正妻赫拉（Hera）。初始，宙斯以普通王子的身分接受教養，只不過是個從小就對音樂有興趣的男子，但自從娶了赫拉之後，他的人生開始發生了變化。

赫拉是位具有優越的神秘直觀能力的靈能者，尤其在預知能力方面特別顯著，所以每當宙斯率軍爭戰時，戰局總會因赫拉的預言而轉向有利的一面。

宙斯欽佩妻子的靈性能力，自己亦擔負著傳遞神的聲音的職責。二十七歲時，他亦有了靈性覺醒，當時，他的指導靈是佛陀的前世海爾梅斯。

宙斯在獲得靈性能力之後，於神殿內部建造、設置了降靈所。那裡有大理石的支柱和地板，中央部分有噴泉，在噴泉的中間有一尊海爾梅斯大理石像，眼睛部位鑲嵌著藍寶石。當宙斯跪下祈禱時，便會從海爾梅斯石像的藍寶石眼睛中發出光芒來，不久，海爾梅斯的靈體便燦爛輝煌地顯現出來。海爾梅斯的頭上戴著閃爍金色光輝的王冠，右手持著霓虹色的長笛，全身披戴著潔白的絲紗，腰上繫著雕刻著獅子和鹿、茶褐色的高雅腰帶，腰帶上嵌滿了閃光的鑽石。獅子表示勇氣，鹿則表示藝術。

雖然海爾梅斯時常對宙斯做政治性的指導，但大部分的內容都是天上界的神祕的話語。在沒有對話時，他就默默地吹長笛十分鐘左右，然後靜靜地離去。當時海爾梅斯對宙斯傳達了有關人性解放的思想。其義大略是：人無時不被世間性的枷鎖束縛，以致於認為肉體便是一切，故而在渺小的自我意識中生活。於是，這就需要將人們從封閉的人性觀念中解放出來，去醒悟真理的存在；並以哲學的智慧指導人們精神開朗地過生活。

在宙斯的兄弟之中，有兩個弟弟：波塞冬（Poseidon）和哈底斯（Hades）。宙斯主要負責指揮陸軍，波塞冬則統帥海軍。波塞冬率領的海軍有軍艦數千餘艘，海軍將士近二十萬，號稱天下無敵。

由於波塞冬是個現實主義者，所以對兄長宙斯聽取妻子赫拉的靈性直覺，以決定軍隊的進退難以忍受。波塞冬的軍事觀點是：在戰爭中戰勝了敵方時，就需要一網打盡。因此在他的眼裡，慈祥的宙斯是個優柔寡斷的人。他認為赫拉影響兄長統帥全軍，便策謀暗殺赫拉，但未能得逞。因此觸發了宙斯軍與波塞冬軍之間的關係惡化，終於發生了內戰。結果，宙斯軍獲勝，波塞冬全軍覆滅了。

此外，宙斯的最小的弟弟哈底斯亦是一位具有靈性能力的人，但他嫉妒宙斯和赫拉深受國民信賴，自認為自己才是全希臘最高靈能者，所以一直尋找機會想在眾人面前驗證此事。哈底斯的心念不久便與地獄惡靈的波長相通，有如現代一些莫名其妙的新興宗教，培養出了不少被惡靈附身、追求靈能的人。繼而，哈底斯宣稱「諸神靈降旨」，把魔界的迷霧播向眾人，開始阻礙宙斯傳播真理的活動。勢態發展到了如此地步，雖不得已，但宙斯還是滅了哈底斯軍。

與自己的血緣兄弟波塞冬、哈底斯之爭，使宙斯的良心感到內疚。當時，擔任宙斯守護靈的是不空三藏的前身、阿薩托（Asert）之靈，他及時解救了宙斯的這一苦惱。宙斯是九次元宇宙界之大靈，他現在作為文學、音樂和藝術之神履行著其使命。

## 三、神采奕奕的阿波羅

阿波羅（Apollo）是宙斯的兒子，他繼承了其母親（希臘神話中其母為「勒托（Leto）」）的容貌，是一位神采奕奕的美男子，其言行舉止有如天使，王宮內外無人不知。

阿波羅有一位比他大三歲的姐姐，名叫雅典娜（Athena）（在希臘神話中，其父是宙斯，其母是思慮之女神美提絲（Metis），她的靈魂在近代轉生為奧地利的女皇－瑪麗亞・泰瑞莎（Maria Theresa））。雅典娜從小好勝心就強過男孩子，十六歲時便披甲上陣，親自率領將士出征。在雅典娜二十三歲，阿波羅二十歲時，父親宙斯結束了四十七歲的生涯，其死因是在戰場上左腹中了流箭，傷口化膿，臥床三個月後離開了人世。

宙斯之死，使眾臣人心動搖。因為無論長女如何勇敢過人，也才二十三歲，而二十歲的阿波羅，更只是一個專心探究內心世界，對政治和軍事漠不關心的年輕人。最後他們還是宣告由雅典娜統帥全軍，眾臣向其宣誓表示了忠誠，了結了此一問題。

也就在這個時候，二十歲的阿波羅離開王宮，登上了傳說中諸神的住所奧林匹斯山，他在那裡似出家人一般生活在洞窟之中，開始修行。阿波羅透過靜坐，進入禪定，每天進行反省和冥想。他回想起自己幼小時如何受到眾人的愛護，自己和姐姐爭吵的事情；想起了眾臣中既有忠臣，也有反動者；看到了自己不能像平民的孩子那樣自由玩耍，以及被靈性現象的神秘感所吸引的自己等等，對此一一回想，並從善意的第三者的角度對自己進行反省。

在阿波羅禪定近一個月時的某夜，滿天繁星，他半閉雙眼冥想著。這時，已過世的父親宙斯突然出現在眼前，並對阿波羅說道：

「阿波羅啊！我離開人間後，居住在遙遠的黃金鄉。這裡的人，個個人心清淨，過著極為和諧的生活。我在世時，認為人有靈魂和肉體兩個部分，使兩者和諧共存是生命的重要課題。但回到靈界後，才知道人並非由兩個部分組成的，因為肉體是靈魂的形影，靈魂便是一切。

若從永恆的生命觀點來看，地上的生命只不過是靈魂一瞬間的乘物而已。人們把這一瞬間的乘物——肉體，看成是自身的實體，由此而來享受肉體的快樂和生存的欲望，這是多麼地可憐啊！人與人之間的戰爭是空虛的，他們只不過是為了保護自己的肉體而戰，這樣的戰爭是沒有結果的。即使能夠成為勝利者，自己的身體也還是要死亡的。如果一生爭戰不休，死後回到靈界定會後悔。

阿波羅啊！我們這一王室家族在幾十年之後是會滅亡的，宮廷會崩潰，雅典娜敗戰之日將到來，但是你不要因此動搖。你將從今天開始具有靈能力，記得要經常與高級靈交流，開拓自己的道路，去完成你父王未能完成的拯救臣民的事業，去傳佈有關於『心』的教義吧！」

阿波羅此後的確具備了靈能力，並且做到了與天上世界的高級靈對話交流。他以奧林匹斯山為出發點，以希臘德羅斯島（Delos）和德爾菲（Delphi）為中心推廣宗教活動。

阿波羅是靈魂實在界七大天使之一，即天使長米迦勒，他在距今三千六百幾十年前降生在希臘，傳佈了以光為中心的教義。後來，在以色列之王約阿施（Joash）的兒子耶羅波（Jeroboam）在位的時代，以預言家阿摩司（Amos）之身再次轉生。

## 四、摩西登場

自阿波羅之後，大約經過了四百年，此時，在天上世界的諸高級靈，進一步具體籌劃地上世界神之國的建設。為此，特派遣了九次元世界的偉大指導者降生埃及，這就是摩西（Moses）。摩西以奴隸之子誕生，誕生之後，不得已被放在蒲草箱中，飄流在尼羅河上，但有幸被公主救起，在王宮內接受教養，用功於武術和學問。

十八歲時，他得知自己是奴隸之子，為此摩西日日苦悶。當時，為了紀念拉美西斯二世（Ramses II, 1292—1225 B.C.）的治世功績，決定興建一座命名為拉美西斯（Ramses）的城市。

建造過程動用了許多的民工奴隸，管理非常的殘酷嚴厲，使眾多的奴隸百姓怨聲載道。這似乎是命運在捉弄摩西，如果自己沒有進王宮的話，也會同其他奴隸百姓一樣，汗水淋漓，去忍受殘酷的奴役。每當想到此，摩西便坐立不安。

摩西勤學武藝，等待著解救同胞這一天的到來，於埃及王梅仁普塔（Merenptah）的統治時期（1225—1215 B.C.），摩西開始了出埃及計劃，可以說這是一種「政變」籌劃。運籌帷幄十七年，摩西於三十五歲時開始了行動。

摩西的內亂軍逐漸增強了實力，奴隸們被解放，軍隊人數有成年男子六十萬之眾；但摩西的本意並不在與埃及王之爭，而是引導希伯來百姓去建立一個新國家。隨之，他為了防止民眾成為暴徒引起國內騷亂，極力糾集以圖出走國外；這就是「出埃及」。

在摩西的頭腦裡，難以忘懷二十七歲時親眼所見的光景。當時摩西隱姓埋名，在米甸（Midian）地這一帶一邊過著牧羊生活，一邊跟隨岳父米甸祭司葉忒羅（Jethro）修行。一日，摩西領羊群往野外去，突然看到草叢中有火焰升起，當他要近前時，忽然聽到火焰中傳來了話語：

「我是自有永有、生於萬物之先。」

「我是亞伯拉罕的神、以撒的神、雅各．以色列的神，全軍之主耶和華。你要去拯救我的百姓脫離埃及，你要聽我的百姓悲痛的哀聲。摩西，你要去解放痛苦的百姓出埃及，領他們到美好、寬闊、流奶與蜜之地迦南（Canaan）去吧！在那裡建立以色列之國家，為此，我選擇了你。」

在耶和華上帝之聲的引導下，摩西率領大約成年男子六十萬，加上女子和孩子總共近二百萬的民眾，出了埃及。當摩西與民眾到達紅海時，埃及王的軍隊追趕上來；摩西面對紅海，擺開祭壇向耶和華之神祈禱（註）。

「耶和華啊！我依奉您之心將希伯來百姓帶來了，眼前是紅海，後面有埃及王的軍隊追擊。可是我沒有載希伯來百姓過海的船隻，若與埃及軍隊戰鬥，將免不了流血。萬軍的耶和華啊，拯救我們吧！」

「摩西啊！你為什麼恐懼？此世萬物無不順我意，風、木、山、河和天空均如我意，變化自如。看吧！你恐懼的海水何在？現在，我要為你們劈開紅海！」

---

註：作者曾於幸福科學夏威夷支部的說法《Be Positive》（2007年11月），提及「Once, more than 3,000 years ago, I also said to Moses, "I am that I am."」（我曾於三千年前，對摩西說：「我是自有永有」），這句話的意思是「I am the origin of love.」（我是愛的根源，愛的原點），亦表示愛爾康大靈是起始（Alpha）亦是終了（Omega）。

耶和華如此回答。於是，在摩西面前展現出了一幅前所未見的光景，寬有二公里的紅海，被分出一條二十公尺寬的乾道，海底呈現出來。海水在左右兩邊，似乎有看不見的牆垣，使約有十五公尺高的海水形成U字型被反彈回去，在海底的乾道上還有紅色和藍色的魚在翻跳。

摩西急聲喝道：「趕快過海！」希伯來百姓們便走向分開了的海道；當摩西他們走過之後，海水復回原狀，埃及王的軍隊一部分覆滅於海中，其餘倉皇返逃。

其後，奇蹟出現了。在西奈山（Mt. Sinai）上，耶和華給予摩西啟示：

「一、除了我以外，不可有別的神；二、不可製造和敬拜偶像；三、不可妄稱我的名字；四、須守安息日為聖日；五、須孝敬父母；六、不可殺人；七、不可姦淫；八、不可偷盜；九、不可做假見證陷害人；十、不可貪戀別人的財物。」

這就是摩西十誡。從第一至第四項是屬於宗教性之誡，第五是道德之誡，從第六至第十是倫理、法律性之誡。這個摩西十誡，把上帝作為人格神，在開拓一神教的觀點，以及根據神法制定社會秩序之方面，可以說對後世產生了極大的影響。那時的耶和華即是九次元大靈恩利勒（Enlil）。但當時對摩西說：「我是自有永有」的是全中東信仰已久的愛洛希姆（Elohim，EL神）。命摩西建立以色列之國的恩利勒，與至高神EL（愛爾康大靈）的混淆自此開始。在中東的以色列民族之孤立、民族之爭以及三千年受迫害的歷史亦自此開始。摩西未能將至高神EL和與其關聯的諸神靈做出區別，可以說其覺悟的未成熟部分，導致了其後悲劇的產生。

## 五、戰鬥者以利亞

摩西之後，為了確立耶和華信仰，以利亞誕生了。以利亞的性格極為堅強，其不屈不撓的精神力量，讓我聯想到日本鎌倉時代的僧侶——日蓮堅韌不拔的意志。

以利亞的出現，是在距今二千八百幾十年前，即亞哈王（King Ahab，在位期間874—852 B.C.）統治北王國以色列的時代。亞哈王是暗利王（King Omri，在位期間886—874 B.C.）的王子，可以說他是在暗利王朝中，最精力充沛的王。亞哈王尤其在軍事和外交上展現了才能，與腓尼基（Phoenicia）都市國家泰爾（Tyre）締結了同盟，迎泰爾王謁巴力（Ethbaal）的女兒耶洗別（Jezebel）為妃。

當時的腓尼基是位於巴勒斯坦（Palestine）的地中海沿岸，透過海洋貿易獲得了財富，掌握了很高的航海技術。隨之，由於受到了泰爾的影響，在亞哈王的統治下，經濟繁榮發展，與現代日本的狀況極其酷似。

但在物質繁榮的背面，唯物信仰抬頭，財富之神巴力（Baal）的信仰極其流行。這種偶像崇拜的宗教，將巴力的小型神像擺設在各個家庭進行祭拜。根據亞哈的國策，用現代的語言來說，巴力信仰的僧侶們，受到了國家公務員一樣的待遇。

在這種時代背景下，處於商業急速發展之中的商人階層，視巴力神為至寶。另一方面，耶和華信仰在遵守傳統生活的農民階層中得到了傳承，此時，以利亞作為宗教改革家出現了。他在二十一歲時，接到了耶和華的啟示，醒悟到了自己的使命，在以利亞的周圍開始聚集了幾十人的信眾。

二十五歲時，以利亞挺身而出，他指出巴力神是邪神，批判巴力信仰是破壞代代相傳的耶和華一神教的邪教。他提呈亞哈王，願與受王妃保護的巴力信仰的先知一決正邪。亞哈王准許了以利亞的挑戰，差遣人招集事奉巴力的四百五十名先知，讓他們和以利亞的耶和華信仰，在公共場所迦密山一決雌雄。

在迦密山（Mt. Carmel）上，以利亞獨身一人，而巴力的先知卻有四百五十人。在山上擺開兩堆柴，在上面擺上牛犢，但不點火，準備比試。以利亞對眾民說：「你們求你們的神之名，我也求耶和華之名，降火顯應的神就是上帝。」

巴力的四百五十名先知們，從早晨到午間求告巴力之名：「巴力啊，求你應允我們！」火卻沒有從天而降；於是便圍著祭壇舞跳，用刀槍自割、自刺直到身體流血，祈禱不止，但仍然得不到巴力降火的應允。

以利亞在自己的祭壇前開始祈禱：「耶和華啊，求你應允我！使這民知道你是耶和華，唯一無二的正確之神，並讓他們從惡性的信仰當中回心轉意過來。」

這時，從西南方射來一道閃光，以利亞的祭壇瞬間被點燃，巴力的先知們大為震驚。降火燃盡了以利亞祭壇上的牛、柴、石頭和塵土，又燒乾溝裡的水。以利亞命令相信了上帝奇蹟的眾人，拿下偶像崇拜的巴力先知們，帶到基順河予以處刑。

這並不是小說，是歷史上的事實。耶和華透過方便的手法，在那時顯示了奇蹟，保佑了人們免受別西卜（Beelzebub）的魔教之侵害，意在回到以色列固有的教義原點上來。

上述的事實說明了，為了保護真理之火，甚至有時會使用如此嚴厲強硬的方法。以利亞二十八歲時便結束了短暫的生命。他是八次元如來界之靈，擔負著地球計劃之重任。

## 六、救世主耶穌．基督

如此，形形色色的預言家接二連三地在以色列之地降生，行使以色列成為上帝之國的計劃。的確，從持肉體降生的高級靈、預言家的人數來講，可以理解到為何以色列人會認為自己是上帝的選民。

在以利亞之後，還有阿摩司（Amos）、以賽亞（Isaiah）、耶利米（Jeremiah）、以利沙（Elisha）、以西（Ezekiel）和但以理等，出現了許多優秀的光的指導靈。他們所遺留下來的教義，以舊約聖經的形式得到了體系化。隨後，自西元一百年前左右開始，在以色列民族中，興起救世主彌賽亞（Messiah）的信仰。預言家預言：彌賽亞將降臨地上人間，建設上帝之國，但彌賽亞將被釘上十字架，死後復活。

當時，各種宗派繁多，有以摩西律法為戒律，予以嚴格遵守的法利賽派（Pharisees）；有保守多數派的撒都該派（Sadducees）等；還有期待彌賽亞降臨的愛色尼派（Essenes）。三十六歲的約瑟（Joseph）與十七歲的瑪麗亞（Mary）即屬於愛色尼派，他們的兒子以馬內利（Immanuel），即是後來的耶穌．基督。

有關耶穌的誕生，與釋迦從摩耶夫人腋下誕生的傳說相同，都是以「聖靈感孕」的說法傳頌於世。其實，這是耶穌弟子的後代、孫輩弟子流傳下來的，將救世主耶穌神格化了的故事。耶穌本身是平常夫妻之子，但三位東方博士依占星術預言「救世主將誕生在拿撒勒」，是歷史上的事實。

耶穌在七歲時，便靈通天使，具備了靈言、靈視和靈聽能力。雖然從外表看上去是個孩童，但由於天使進入了耶穌的肉體，所以他對舊約聖經的內容可以對答如流。為此，教會的人知其中有奧秘，在耶穌十歲時就有了傳言，說「耶穌是個神童」。尤其是愛色尼派的長老們，確信這孩子即是舊約聖經中預言的彌賽亞，於是決定保護耶穌，免其受到其他宗派的惡性影響，並慎重地培養他。

聖經當中有關耶穌的青年時代的記述，似乎被刪除了，但確信耶穌曾受過作為宗教家應有的教育。根據靈界的情報，耶穌十三歲的時候，愛色尼派的青年老師曾帶領耶穌去埃及大約一年的時間，讓他充實各種宗教見聞。十六歲時，曾和幾位長老到西印度旅行；耶穌在印度之行中，學習了傳統的瑜珈修行精神統一法和佛典。

耶穌在印度之行中的收穫，主要是以精神力創造物理性奇蹟的能力，以及祈禱的神秘力量之獲得。他在印度時，拜一位名叫摩尼托拉（Manitula）的人為師，習得了從空中拿出麵包和魚類等秘術（物質化現象）的技能。思想方面則吸收了佛教的愛他行、布施的精神。耶穌在印度大約學習了一年半左右。

耶穌第三次外出，是在二十一歲時，在中東的古波斯，學習瑣羅亞斯德教（Zoroastrianism）的善惡二元論，研究了引導瑣羅亞斯德的阿胡拉·瑪茲達（Ahura Mazda），但他無法在教徒重視的拜火儀式上獲得共鳴。他從二十五歲時起，埋頭研究舊約聖經，繼而，他用二十七歲以後的三年時間，在靠近死海的昆蘭之地（Qumran）山洞中，禁欲苦行。耶穌在此構思了日後傳道的思想方法，他認識到了佛教有關「播種就須收割」的「業」之法則極具重要性。此外，他還認為佛教中有關愛的教義不足，有必要在此方面做強調。同時，他還認為可以應用瑜珈的靈性力量。為了使世人醒悟，也可以從瑣羅亞斯德教中採用「驅逐惡濁」的思想等等。因此，耶穌·基督的思想核心逐步成熟。

耶穌三十歲那一年的某日，光明天使加百列（Gabriel）顯現在耶穌所在山洞的洞口前，對耶穌說：

「你應該回拿撒勒了！歸途中，你會在約旦河遇見以水施洗的約翰，他的施浸很有名聲。遇到此人，將成為你傳道的開始，隨後緣生弟子們便會聚集而來，召集十二人為十二使徒，並以他們為軸心進行說教吧！」

其後，耶穌說教的內容，幾乎都是聖經中記述的內容，尤其愛爾康大靈之靈魂兄弟之一

——海爾梅斯的愛的教義，在靈性覺醒上給予了耶穌極大影響。它不但賦予了基督教普遍性，也是成長為世界性宗教之關鍵。

雖然耶穌的傳道期只有短暫的三年時間，但耶穌有從七歲開始二十三年的積蓄，所以耶穌豐富充實的說教，無不使周圍的人為之心靈震動。耶穌在各各他被釘上了十字架，使三十三歲的短暫的生命結束了。雖然如此，他一個人的死，卻改變了後來二千年間的世界歷史。

可以說「基督受難」，是為了將墜落入了自私的以色列民族神信仰的耶和華信仰，提高到超越狹隘民族意識的普遍性的上帝・神（愛爾康大靈〔EL Cantare〕）信仰，而受到了守舊派攻擊的結果。此外，基督教徒不斷地受難，例如：彼得（Peter, 64）和保羅（Paul, 67）在羅馬殉教等，原因在於希臘羅馬世界的多神教與一神教之間發生了激烈的衝突。若世人能夠理解最高神愛爾康大靈與多神之間的關係，也就能夠避免歷史悲劇了。耶穌現在居於九次元世界，為最高責任者之一。

## 七、穆罕默德

西元五七〇年，穆罕默德（Mohammed）出生在阿拉伯的商城麥加（Mecca）。這時，耶穌．基督已逝世近五百四十年。當時的麥加，由古來氏族（Quraish）統治，穆罕默德即出生在古來氏族的後裔子孫哈希姆（Hashim）之家。穆罕默德出生前父親便過世了，六歲時又失去了母親阿米納（Aminah），成了孤兒。後被阿布杜．穆塔里布（Abdul Muttalib）祖父收養，祖父過世後再被父親的弟弟阿布．塔里布（Abu Talib）叔叔收養。穆罕默德的少年時代過得並不順遂。

二十五歲時，他與富貴的商隊之主遺孀、四十歲美貌的赫蒂徹（Khadijah）結婚，育有三男四女。穆罕默德渡過了十五年富裕的商人生活，但命運並沒有放任他。西元六一〇年，穆罕默德四十歲時，有一段時間隱居在麥加東北郊外的山中，每日做冥想和祈禱。在齋戒月某天的「大赦之夜」（Night of Power），他在希拉山（Mt. Hira）獲得了不容抵抗的靈性體驗。山洞中迴繞著莊重的聲音，由來不明的光體附在他的喉嚨處，命其背誦「神言啟示」。當初他自以為被神怪（evil jinn 即惡靈）附身，驚恐之下欲逃脫此命運，但受到了妻子赫帝徹的鼓勵，終於堅信了自己有向人傳教的使命。穆罕默德從六一三年左右開始了傳教活動，他的妻子赫蒂徹是最早的理解者和信徒。

後來，他從基督教徒、赫蒂徹的表弟，以及猶太教徒的說法中得到了啟發，逐步確信向自己傳達神諭的是加百列。伊斯蘭教號召「皈依唯一的神、阿拉（Allah 真主）」，但阿拉並不是固有名詞概念，而是原阿拉伯半島所信奉的「Ilah」（神），意為創造主。其證據在於預言者、穆罕默德的父親阿布杜拉（Abdullah）之名，其意是「Abd Allah」（神僕）的省略。如果要在中東的信仰之中特別找出創造神的話，即是愛洛希姆（Elohim），即愛爾康大靈。在伊斯蘭教之中，穆罕默德背負著與猶太教、基督教的預言家同樣的使命，他亦是天上世界派遣到人間的使者，由這展現出了愛爾康大靈之教誨的寬容性。

穆罕默德不斷地向人們轉達了各種靈性啟示，到了第三代哈里發（Caliph）的奧斯曼（Uthman）時代，統一編纂成了共有一百一十四章的《可蘭經》。在其教義內容當中，記述了「真主為唯一的神和信仰的對象」，其下還有「天使」、「經文」、「諸使者」、「來世」、「前定」，一共具有六個信仰要諦。

穆罕默德去敘利亞（Syria）做商業旅行的時候，受到了來自猶太教和基督教的強烈影響，進而否認當時麥加的太陽崇拜、天體崇拜和岩石崇拜等氏族宗教的偶像崇拜。他的新興宗教受到了貧民和奴隸階層的支持，如燎原之火般散播開來，但無論是在宗教方面還是在政治方面，都受到了統治地位的古來氏族的迫害。穆罕默德在西元六二二年，遷出麥加，到了現在的麥地那（Medina，舊名雅斯里布〔Yathrib〕），這就是後人所稱的「希吉拉（Hijirah）」，神聖的遷移之意。穆罕默德在該地組織教團，指揮訓練軍隊。六三〇年，他揮兵進攻麥加，希望以此為基地，謀求阿拉伯諸民族的統一。

穆罕默德是八次元如來界的人。他在山洞接受到的來自天上靈界的訊息，與舊約聖經的預言家和耶穌所接受到的啟示相同，都是來自同一高級靈團系統。穆罕默德在以商業為基礎的地區傳教，以及掌握軍事指導權等作為，與時代性和地區性有著很大的關係。此外，由於在《可蘭經》當中，主要是以禮拜、絕食和戒律為中心，導致後來伊斯蘭教漸漸地形式化，逐漸地失去心靈的教義。

由於穆罕默德自身未能像耶穌那樣充分地累積宗教性的修行，所以他所接收到的啟示，並未有高深的心靈教義。並且過於依賴軍事和政治手腕，強調「聖戰」（Jihad），這些都成為了後世回教徒之間發生宗教戰爭之災的遠因，使得中東至今尚在幽暗意念的籠罩之中。

最後一點，也是伊斯蘭教的最大特徵：雖然確定了多神中的至高神，真主阿拉是唯一的神（即以外別無其他神靈），但如同諸位賢明的讀者所理解的一樣，若從靈界的真相來看，這種看法有誤，並且這成為他與古來氏族之間發生戰爭的原因，因為它等於否定了在克爾白祭祀的其它神明。但可以理解，穆罕默德的一神信仰，若不拘泥於事實的正確與否，從舊宗教脫胎換骨的革新（宗教革新運動）上，具有重要的意義。

另外，穆罕默德在第一任妻子赫蒂徹死後，從基督教徒中娶了包括心愛的妻子阿以莎（Aisha）在內的十多個妻子。由於伊斯蘭教承認一夫多妻制，也因此出現了部分基督教視伊斯蘭教為魔教等頑固的看法。但雖是如此，不停息的宗教戰爭，使伊斯蘭教徒中出現了許多寡婦和孤兒，當時社會福利政策對這些人有特別的優待，並且將公平地對待女性視為一種義務，對此應該特記一筆。

## 八、內村鑑三的信仰

接下來將話題轉向日本。要談論近代在日本出現的預言者，首先就要提及內村鑑三（1861—1930）。內村鑑三是活躍於明治、大正和昭和三個時代的基督教徒，可以說他是使基督教在日本扎根，並將其思想引向高峰的先驅。

他出生於江戶末期的高崎藩（現在的日本群馬縣）的下級武士家庭。一八七七年進入札幌農校，為克拉克（William Clark）博士的作風所感動，接受了基督教的洗禮。在農校就學時，與新渡戶稻造同期。自一八八四年起，他赴美國安默斯特（Amherst）大學留學四年。回國後，任第一高等中學歷史學科講師，但因抗拒「教育敕語」之禮儀（所謂「不敬事件」）而被免職。

其後，他就像佛羅倫斯的但丁（Alighiere Dante）被流放般，在京都、大阪、熊本等地方過著流浪生活。一八九七年，他出任《萬朝報》的英文主筆，但由於提倡非戰論而退出報社。隨後，自《東京獨立雜誌》發行之後，內村鑑三以住宅「柏木之里」為據點，連續投稿刊登了《聖經之研究》。到了晚年，他推動「基督再臨運動」，在全國各地連續舉辦了講演會。他的主要著作有《基督教徒的安慰》、《求安錄》和《我是如何成為基督教徒的》。

我對近代日本出現了像內村鑑三這樣、有偉大精神的人而感到驕傲。當然，他屬於基督教系靈團之靈，故其目的所在，很明確是在日本普及基督教信仰，但他為後人留下的遺產超越了他早先的目的。

第一，內村鑑三推出了「無教會主義」的思想，過去在歐洲，馬丁．路德（Martin Luther）強調「因信稱義」，提倡聖經主義的信仰，反對羅馬教會制度，開創了新教（Protestantism）的教會制度。但內村鑑三所做的實踐更徹底，即他提出唯信的信仰，重視自己的良心與上帝的直接關係。

第二，他痛擊了偶像崇拜思想，這一點在他為了維護基督教徒的獨立精神，而在「教育敕語」面前不行禮一事件上就能理解。當然在這一事件上有種種看法，或許有人認為，即使是基督教徒，但對於在日本所尊重的對象面前不表敬意的本身，反而是一種形式主義。此外，也有人認為，內心的自由存於內心，而在外表上採取謹慎的態度就沒有問題了。但是對於這個問題，我認為當時的內村鑑三的態度，和曾與偶像崇拜的巴力信仰做鬥爭的以利亞，十分類似。

第三，我認為，他在民族與宗教之關聯問題上歸納出了一個方向，為了考取札幌農校，來到札幌的年輕的內村鑑三，起初對基督教信仰並不正眼相看，他曾在札幌神社祈禱「將不祥邪教趕出神國日本」。但他自從覺醒於基督教信仰之後，以「兩個Ｊ」表示了其奉獻的決心，即「Jesus」（耶穌）和「Japan」（日本）的兩個Ｊ。

他的墓碑上用英文刻有如下碑文：

我為日本
日本為世界
世界為基督
一切為上帝

可以說，這碑文清楚地表明了他的思想發展，以及他作為基督教徒的內心信仰與國家、世界性的使命。

第四，內村鑑三是一位為社會正義而奮鬥的基督教徒，這表現在反對日俄戰爭的非戰論言詞、沉痛批判足尾銅山礦山毒氣瓦斯事件，以及與黑岩涙香、幸德秋水等人結成了「理想團」等活動上。

當然，內村鑑三在性格上亦有缺點。比如，雖然他有不妥協、獨立不屈的精神，並且成了有如「鋼鐵支柱」般的基督教徒，但他並沒有成為偉大的成功者和完人。因此，在他的面前總是會出現「獨立」、「自由」和「孤獨」的課題。他有基督教徒特有的讚揚受難的思想觀念，這是在他的人生中出現許多不幸色彩的原因之一。內村鑑三是舊約的預言者耶利米（Jeremiah）之靈的轉生，他的弟子矢內原忠雄是彼得之靈的轉生，他們都是為了在日本傳播基督教而轉生的高級靈。

如果要指出內村鑑三的思想的侷限，則無教會主義是其首要。無教會派的本意，並不是要否定教會，而是為了沒有教會的人能夠集會，但由於他強調「無教會」，反而妨礙了之後的組織發展。

## 九、谷口雅春的「生命之實相」哲學

谷口雅春於一八九三年十一月二十二日，出生在神戶的烏原村，於一九八五年六月過世，享年九十餘歲。

谷口雅春的青春時代，曾有一段時期成為大本教的出口王仁三郎的弟子而活躍著，可是大本教說「最後審判的日子將至，上帝將懲罰人類」，他對這種異常的信仰產生了疑問，最後脫離了大本教。雖然，次年正如出口王仁三郎的預言那樣，日本確實「降下火雨」，第二次大戰結束了，但年輕的谷口雅春對於上帝懲罰人類的思想總是難以信服。因為他所信仰的上帝是愛之神，故他認為，偉大的神怎會懲罰神之子呢？

所謂疾病、災難，是由個人或團體發出了與佛法真理背道而馳的意念，因而產生的反作用力的現象，而不是神給予人類的懲罰。可是他當時並沒有領悟到這個原理，經過種種磨練，終於有一天他接受到了高級靈的啟示而開悟了。他的覺悟如下：

一、佛教的「色即是空、空即是色」的真意，不是指靈魂世界與世間、靈魂與肉體之二元論世界觀，而是指唯有實相一元論世界觀。

二、隨之，世間的事物僅是實相世界之影像，實相與神同一，為光明之存在，所以本無肉體和疾病。

三、繼而，地上世界的人心，應該保持本來生命之實相、光一元的光明之心，只有作為神之子顯現神性，才是真正的人生之道。

大體概括，谷口雅春之覺悟的中心內容如上所記。谷口雅春將這個思想之根本置於光一元的光明思想之上，提倡萬教歸一，主張基督教、佛教、神道均來自唯一的神，教義的差異只不過是說明的方法有所不同。如此採取了囊括一切的寬容態度，谷口雅春透過五十五年的時間，建立了「生長之家」的宗教團體。

其第一特徵：是率先將在美國流行的光明思想引進了日本，並將其溶入於自己獨特的思想之中，使得其教義具備了非常啟蒙的色彩。其第二特徵：是在多方面採用了心理學的方法，具有了傳統宗教所沒有的嶄新色彩。其第三特徵：是以出版書籍為重要佈教活動的一個環節。

然而，若視其晚年的教義，卻與其提出的「萬教歸一」大前提不同，那是日本神道系的復興運動，引進了外國的宗教和思想，是對日本神道的一大革新運動。

谷口雅春在生前未能明白自己的指導靈是誰，曾稱其是生長之家的大神、住吉的大神，或是觀世音菩薩等。其實，指導他的是日本神道的主宰神・天御中主神（命）。在谷口雅春的思想代表作《生命的實相》全四十卷中，以天御中主神為中心的靈人進入了谷口雅春的肉體，以自動書記的形式寫出了其思想。

日本神道的核心，不言而喻即在於光一元的思想之上。具體是說，世間並沒有光明和黑暗之間的對立，只不過有光照射到之處以及光沒有照射到的地方之別，原本沒有黑暗，若點燃了光明，黑暗就會消失。在這個思想的背後，有讓地上世界光明化的大愛思想之流動。但對於未能深入到這個階段思考的人來說，或許會在善惡差別心上睜一隻眼閉一隻眼，這種思想可以說有功過兩面。

天御中主神的光一元思想，並不是天上界教義之總意，也不能說徹底地拯救了所有人。這實際上是說，谷口雅春在對於「認知善惡二元是獲得智慧的開始」的真實面前，其進取方針較為天真。此外，針對在救濟的原點之上的「從地獄脫離思想」和「惡靈現象」等方面，也缺乏令人信服的解說，這是需要考量的問題。谷口雅春的過去世是伊邪那岐命；在歐洲轉生時，是名為普羅提諾（Plotinus）的哲學家，因此其教義亦帶有強烈的哲學色彩。

# 第六章 振翅飛向未來

# 第六章　振翅飛向未來

## 一、西元二〇〇〇年～二一〇〇年

我從第二章至第五章，概觀了諸光明指導靈之活躍史，以及從實在世界的觀點對世界史之展開做了詳細的考察。在這最後一章中，將從不至於妨礙未來人類的程度上，就今後等待著人類的世界史做出預言，意在向未來的人類投擲希望的光明。

對未來史的預言可以十分詳細，但是為了給人類留下努力奮鬥的空間，所以這預言本身帶有追求抽象性質的色彩。所謂預言，並非一種決定論，否則它將會給予人們一種暗示，進而有剝奪人們努力精進之意欲的危險。所以，此後我將減少所陳述之預言中的惡性成分，明確記述善性的展開。我認為，遵循這一方針，可善導後人。

我在下文裡，將有意迴避從現在起（日文原著落稿時間為一九八六年十月）至本世紀末之期間，因為，在這十幾年間等待著人類的未來世界，將是相當令人震驚的內容。人們嘴上盡是說末日論，時代充滿著不安。錯誤的宗教於日本各地、世界各地盛行，可以看到人們將靈魂賣給了惡魔；此外，國際政治將多極分化。中東將爆發國際性戰爭的引端，隨之列強之間火藥味甚濃（一九九一年中東戰爭爆發，此記述言中）。

而另一方，在世界幾個地方點燃了真理傳道的法燈，以日本為中心，一輪巨大的真理太陽將悠然升起。隨之，人們在不安中見到光明，在死亡的恐怖中聽到了傳佈福音的浩蕩之聲。在極惡的時代中，將發出燦爛的極善之光，其強度也將持續增加。

西元二〇二〇年～二〇三七年，日本將成為現代的耶路撒冷、世界的麥加聖地。這時是日本的黃金時代，日本作為真理的發祥地，受到世界的稱讚，於此同時真理之火也將逐步向南傳播、傳承。

西元二〇五〇年左右，在泰國曼谷將出現光明的繼承者；這個人的過去世是達文西（Leonardo da Vinci）、大天使加百列。此外，西元二〇八〇年左右，在現在印尼雅加達將出現巨大的光明，預言家以利亞將再次降臨，屆時他將高高舉起真理之旗幟。

## 二、西元二一〇〇年~二二〇〇年

西元二一〇〇年，此時新的世界將在人們的眼前展開。首先，會有許多人積極地進入外太空，雖然還不像現代的海外旅行這麼方便，但幾乎在十個人當中，就會有一個人有太空旅行的經驗。

屆時，人們會在月球上建立太空站，並且會有五個左右的國家於月球建立基地。此時大約有一萬人左右移居至月球，而這些人都心懷理想，要超越民族的界限，建立新的伊甸園（Eden），開闢新的天地。此時，月球與地球之間，一天大概會有三班的定期往返班機，平均單趟所費時間，大約要二十個小時。

由於月球上沒有氧氣，所以在月球上有直徑一公里左右的半球型透明建築物，裡面有巨大的氧氣製造工廠和人工光的製造工廠等。有趣的是，還有直徑十米左右的人工模擬太陽，每天從東方升起，沿著球形建築往南移動，在西方降落；人們努力創造與地球相同的環境。

我靈視到以下這個景象：從球形建築中有地下通道延伸到月球表面，有幾十台採石車在月面上移動。月球上有地球上沒有的能量礦石，藉由採這種礦石進行加工，可以提煉能源；

水則是由氫和氧以化學反應製造出來。可以看到，在球形建築中，有一條全長約二百公尺長的人造蓄水池。

二十二世紀的航空技術，應用了反重力控制裝置，飛機可以做到垂直起飛、著陸和在空中保持靜止，飛行自如。具體來說，人們應用了磁的吸引力和反向力的原理，發明了利用星球重力，和形成反作用力的裝置。

二十二世紀還有一個特徵，即發明了靈界通訊機。在現代，只有特殊的靈能者可以做到與離開了人世間、四次元以上的靈人交流，而在未來人們發明了可以感知靈波，將其音波做轉變的裝置。但遺憾的是，人們還無法與五次元、六次元以上的高級靈進行交流，只侷限於與四次元的靈人溝通。

因此，高級靈與世間之人的通訊，只能以四次元靈為媒介，若少了這個四次元的環節，則意志無法自由傳達。而且，這種通訊機還有很大的侷限，即是無法與四次元世界的特定對象聯絡。人們只能透過那些接收到靈波的四次元靈，在四次元尋找出特定的對象。而且那些地獄靈以及落後於時代的靈人，不能理解這個通訊的系統理論，因而出現了混亂。

在發明了靈界通訊機之後產生了一個問題，亦即地上世界的人們，容易輕信四次元靈人之言並做出行動，但由於對方的靈的性質不同，進而會造成種種的不幸。為此，在二十二世紀降生到地上的高級靈之使命，即是調查靈界通訊機的另一端的靈、說服落入地獄的靈，以及接受死者親屬的要求，為離開人世的靈開出順利回到來世的處方。到了那時，像現在由僧侶主持的法事等，只被一些有特殊信仰的人所承接，而大多數人則是在宗教指導者的引導下，每年做數次與離世祖先對話的儀式。

二十二世紀的另一個特徵就是，北美大陸的東部、西部沿海地區和南部地區已經沉入海中，現在的美國已成為以洛磯山脈地帶為中心的半島。關於美國沉沒的時期，我不明確地講出來，但首先會是以舊金山、加州為中心的西部下沉，之後就是以紐約為中心的東部開始下沉，最後是密西西比平原等南部地域沉陷。

在此特別聲明，預言非決定論，透過國民的自助努力，仍然有修正命運的空間。

## 三、西元二二〇〇年～二三〇〇年

這時，等待著人類的是一個考驗，人類逐漸對在地球上生活感到厭倦起來。人們認為在這個地球上已無新鮮事物，文明也逐步走向形式化。

在人間社會中出現了頹廢的徵兆。隨著機器自動化的進步，第一級產業的工作和第二級產業的工礦產業，幾乎全部由機器人來完成；第三級產業的商業、服務業，依然以人工為中心。雖這麼說，但由於事務性工作可以簡單地交由機械處理，所以人的工作範圍逐步狹窄到了交涉、判斷和計劃、提案等領域。

關於工作時間，人們可以任意選擇上午或下午的四個小時做工作，每週的工作日只有四天。因此，閒暇時間如何使用便成了大問題。當然，有的人利用休閒時間做精神修行，但多數人是放任自己於安逸的時間中，走向墮落，因此社會上出現了大量墮落的人。

在此略舉墮落之例：例如有的人像是過去的人們，沉浸在性歡樂之中；有的人每天埋頭於發明新的遊戲和運動種類；有的人熱衷於研究遺傳基因、DNA的重新組合，以培育新的植物和生物；有的人組成不同的社團製作機器人，每週格鬥一決勝負，成為賭博的場所；有的人狂熱地開發超能力，特別是開發念動能力和物理性超能力，諸如此類的各種墮落現象層出不窮。

由於出現了這樣的頹廢傾向，天上界便決定派遣九次元大指導靈，降生地上世界予以淨化。西元二二六〇年前後，有一位九次元大靈將開始在世間的說法活動。這位大靈，即是曾轉生中國的光明指導靈—孔子。孔子再誕的預定地是現在的澳洲，那時的澳洲人口將有一億人左右。

世界的中心，西元二〇〇〇年～二一〇〇年在日本，西元二一〇〇年～二二〇〇年在東南亞，西元二二〇〇年～二三〇〇年，將轉向現在的澳洲。

孔子再次誕生，他的專長領域是有關人格、道德的完成，並以此為中心進行說法。孔子的思想核心是神人的創造，即人的改造原理，他同樣把重心放在學問性的教誨之上。孔子在那個時代的說法獨特且面目一新，開闢了新的道德原理之路。

這個道德思想有三個支柱：第一支柱，人的本質在於奮發向上，其根本在於好學不倦。第二支柱，人間社會以追求秩序為本質，根據此人內在靈性的顯現度，這樣的人應該受到人們的敬愛。第三支柱，強調切磋磨練的原則，力說相互啟發之方法等。在西元二二六〇年，如果有人在澳洲以上面三點為中心說法的話，那麼可確信這個人就是孔子的轉生。

二十三世紀的另一個重要現象，即俄羅斯圈將發生地殼變動。在以聖彼得堡（St. Petersburg）為中心的西側部分地域將沉沒，而中亞部分也將出現大規模下沉的現象。大地出現裂痕，海水從北極海域流入，亞歐大陸的內陸部分、中央部分將顯現出另一個海域，這個海域的大小幾乎與現在的地中海相同。

在東南亞，從二十一世紀開始，大地隆起成山的活動變得激烈，進入二十三世紀，新大陸出現的跡象將會變得十分明顯。此新大陸就是過去在南太平洋上的穆大陸，它將以現在印尼雅加達為中心冒出海面，並呈現出全貌。二〇〇〇年～二一〇〇年，出現大型島嶼，二一〇〇年～二二〇〇年，地殼隆起成山的活動頻繁。至二三〇〇年，大陸的顯露將變得相當明顯，大陸之完成還需要一、二百年的時間。經過漫長的歲月出現在南太平洋上的大陸，逐漸變得草木豐茂。這個新的穆大陸的地殼延續到了現在日本的伊豆附近，隨後又與澳洲相臨，而現在的東南亞地區的居民，將逐漸向這個大陸移居。

## 四、西元二三〇〇年～二四〇〇年

進入二十四世紀後，地球各地的地殼變動愈演愈烈。首先出現大變動的，是在大西洋上浮起一個新大陸，可以說這是美國大部分沉沒後的反作用力之影響。

新大陸將以現在的百慕達三角海域為中心浮起。距今一萬多年前，這個海域曾有亞特蘭提斯大陸，稱為現代亞特蘭提斯的美國將會沉沒，過去的亞特蘭提斯將再次重出海面。

這個新亞特蘭提斯大陸並非一個獨立的陸塊，而是與加拿大連接，成為從西北向東南的斜向長形大陸，浮起的面積相當於加拿大的三分之二左右。

當這個新大陸浮起後不久，加拿大的居民便開始移居到連接著的新大陸。此外，歐洲也有許多人移居到了新大陸。二十四世紀後期，在新亞特蘭提斯大陸上將呈現出興盛的跡象。這好似十七世紀，清教徒們乘坐五月花號，為開拓新大陸而移居美國的情景。

二十四世紀後期，誕生在這個大陸上的是過去的宗教改革家——馬丁．路德的靈魂生命體。他的主要工作，是對現在在日本以我為中心所講述的愛爾康大靈之法的翻譯、推廣和傳佈。他最初將以日本語學教授身份立身於教壇，之後，他接觸到了我在現代講述的佛法真理和諸高級靈的靈言集，並且如饑似渴地閱讀了幾百本我的佛法真理書籍。身為日本語學教授的他，在這個龐大的真理海洋之中，迅速地醒悟到了自己的使命。

在這個新亞特蘭提斯大陸上，以基督教為中心的宗教尚且根深蒂固，但在他的力量發揮之下，我們在二十世紀後半開始講述的佛法真理，將得到廣泛的傳佈。

天上界並非只把這份工作責任放在路德一人身上，在路德的稍後時期，曾是宗教改革家的日蓮，也持肉體降生在這塊土地上。路德之再現，主要在從學問的見地普及真理上努力，而日蓮則是徹底地重視「人」本身；日蓮將主張「無人則無真理，不探究人則無宗教。」

日蓮將在西方主張東方的思想，他的理論中心，首先從分析心的作用和心的構成上展開，即解說正心之法，強調實踐的重要性。他主張，所謂正心，不僅僅是持有正心就好，而是要將其表現出來，以在地上實現天國的境界。他將聲言「說真知，實踐真知」，強有力地推展真理。

此外，還有一位有名的高級靈持肉體降生，即穆罕默德，回教的始祖之靈。穆罕默德之再次降生，同樣將接受到靈界啟示，而後開始與天上界做交流。那時傳送給穆罕默德訊息的，仍然是大天使加百列，他同時也接受以九次元指導靈瑣羅亞斯德為中心的指導。再次降生的穆罕默德將著作善惡二元論方面的靈言集，其內容與新時代相符合，所以將會被視為至寶，在世上廣泛流傳。

但在此同時，也將產生一個問題。其原因是從二十世紀後期起，我，大川隆法問世的靈言集，和穆罕默德的靈言集，在內容上和精神上有所不同。因此人們會對他的靈言是否為聖靈的啟示產生疑問，為此，穆罕默德將會受到那些把我的靈言集奉為圭臬而信奉的、新亞特蘭提斯的一部分宗教家猛烈抨擊。我在此想忠告：「穆罕默德，你在那個時刻不要退縮，但是你講述的善惡二元的靈言，在質量上並不是最高的法，這一點切莫忘記。」

## 五、西元二四〇〇年～二五〇〇年

進入二十五世紀初期，將再有偉大之光降臨世間，這就是耶穌．基督的再臨。對此，於二十四世紀開始，再世的日蓮和穆罕默德等，已對耶穌的出現做了預言，所以人們從二十四世紀後期起就開始期待著他的出現。耶穌之降臨，在人們之間流傳於口，期待於心。打破了二千四百年的沉默，耶穌終於再次降臨了。為此，地上世界將被偉大的光輝所擁抱。

耶穌降臨的年月日尚未決定，但是終會在二四〇〇年前後，預計耶穌降臨的地域將會在新亞特蘭提斯。他將講述宇宙時代的真理，其教義比拿撒勒的耶穌之愛的教義，將有更為廣大的視野。

那時，地球人與外星人的交流已相當頻繁，由於地球人的思考方法與各種外星人的想法多有不同，所以會開始出現一些意識衝突。

在一九八〇年的後期，曾有十幾個種類的外星人飛到了地球，他們並未正式與地球人交流，而是為了將來在地球做現地調查而來。

原本地球人類就是來自各種行星靈團，經過幾億年輪迴轉生的過程，已超越了各個星球人之間的差異，經過相互間的努力融和形成了地球人的性格。此外，在漫長的歲月中，偉大的光明指導靈在地上世界傳播真理，陸續不斷地來到世間，構成了人類共通的精神基礎。人們有時作為佛教徒誕生，有時作為基督徒轉生，有時再作為回教徒出生於世間，在這過程中形成了地球人共通的精神基礎。

可是，地球人類的靈魂學習將逐步進入完成期，也就是說，在這個地球上能學習的東西變得越來越少了。在這種時期，地球上悠久的靈集團最終將離開地球，尋求和移居到更為高度進化和發展的星球去；同一時期，其它行星的新靈魂體將會移居到地球來，開始他們另一階段的靈魂修行。

因此，現在有十幾種外星人來到地球，這正如同十九世紀美國商船的到來，打開了鎖國的日本一樣，成為了新時代揭幕的預告。人類到了三十世紀左右，將會持續地進步和發展，但最終悠久的靈集團將會離開地球，另覓居所。

二十五世紀，在耶穌再臨時，正好進入這個過渡期。人類的太空旅行，以及移居其它星球已逐漸成為常態，同時，外星人也會來到地球，開始與地球人交流。但令人感到為難的是，在外星人的星球上所認識的真理，與地球上認同的真理有著種種差異，因此會引起地球上的混亂。在生活型態和行動方式上的不同，已足以使地球人困惑，但除此之外，道德觀念的不同，對人類的困惑將更為嚴重。

譬如，某些外星人會如此思考：

「食物是天賜之物，理所當然應該無償食用，所以在肚子餓了的時候，無論是植物還是魚肉等，都可以自由取食。另一方面，機械則是人所製造的，有所有者，沒有此人的許可，不能任意地搶奪。」

對於外星人自由取食的態度，從地球人的立場來看是一種偷竊行為。這也就是說，兩者之間的價值觀將會是兩條沒有交點的平行線。

此外，外星人還可能會這樣想：

「小孩子是社會的共同財產，應該由公共團體擔負教育的責任，所以個人組成家庭各自進行教育是錯誤的。另外，男女為了生孩子，從二十歲到二十九歲的這段期間內可以同居，但除此之外的同居，則是為了滿足自我欲望，是不能容許的。」

這種價值觀當然會與地球人的價值觀發生衝突。

但在這種複雜的社會形勢中，再臨的耶穌，講述了超越地球人、外星人的愛的本義，為人們揭示了作為佛子的大和諧境界。同時，耶穌也向人們明示了地球人類原本是從不同宇宙空間聚集而來的事實。

## 六、西元二五〇〇年～二六〇〇年

二十六世紀時，地殼將再次開始發生變動，首先會從現在的中東地區和非洲南部開始。中東地區在近幾百年間，戰爭的煙火不絕，形成了一層意念烏雲籠罩了這個地域，使佛光不能照射下來，其反作用的結果，使陸地沉沒下去了；可以說，這沉沒的原因與亞特蘭提斯大陸的末期相同。這是因為世間產生了不協調的精神波動，遮擋了佛光照射人間，從而引起了地殼變動的現象。

本節將對大陸沉沒理論稍做解釋。在《太陽之法》一書中對此已有所說明，在人類歷史上的許多文明中，曾多次發生大陸板塊僅在幾天之內便沉沒於海中的現象。這種現象發生的原因均相同，那就是世上的人發出的不調和意念，形成了遮擋佛光的烏雲，進而發生了地殼變動。那麼，為什麼地殼會發生變動呢？

若從大宇宙博大的視野來觀察，地球僅是一個小小的細胞而已。但在此我們不能忽視一個問題，即不可把地球只看做是一個物質凝聚體，其實它還是一個巨大的生命體，並且進行著生命活動。換言之，在地底流動的岩漿有如是地球的血液，海水有如是地球的體液，造山運動和地層下沉有如是地球在做新陳代謝。

如果把地球視為生命體的話，那麼就可以說，把心出賣給了惡魔的人居住的地區，有如身體的某個地方長了黴菌，需要立即做消毒、殺菌。皮膚上結了瘡，人或者動物不是會抓癢使其脫落嗎？同樣的，地球生命體也會透過自淨作用來消滅不協調的地域。把這個解釋為「神的懲罰」是不對的，因為這是這個生命體，所具有的維持生命的機能在發揮作用。

此外，在印度洋上，印度大陸與非洲大陸的中間海域，將浮起一片廣大的陸地來，這與中東和非洲南部的陸地沉沒形成了對照。在這片海域的附近，過去曾有過一個拉母迪雅（Lamudia）大陸。假設這個將浮起的新大陸，是新拉母迪雅大陸，它的面積將是現在日本的十倍左右。它浮起之後，將逐漸與非洲大陸的北部連接起來。這個變動，如同是迅速從一側拉起了水中之網，許多島嶼陸續地浮出水面，漸漸地連接形成了大陸。這個變動是從二十六世紀的後期正式開始的，當這個新拉母迪雅大陸與非洲大陸北部連接起來，呈現出了過去的加納（Gana）大陸的景觀時，非洲大陸的中部到南部將沉入海中。

另外，在歐洲地區，在二十二世紀初期左右，陸地將會開始下沉。而後，在二十三世紀中，將再有另一處開始沉陷。現對二十六世紀的歐洲全景做靈視，得知了以下的內容：

首先可以看到，大不列顛島嶼及英國仍健在；西班牙和葡萄牙兩國已沉入海中無影無蹤；地中海海域的延伸附蓋了大部分的法國中部地區；德國仍存在；東歐的一部分，以俄羅斯的聖彼得堡為中心的地域，以二十三世紀的沉陷為契機，逐漸從地上消失了形態；挪威和芬蘭一帶還存在。

希臘、羅馬等將沉入地中海。後世的人將有如現代人傳說亞特蘭提斯和穆大陸那樣，把地中海上曾經有希臘和羅馬的事實當作傳說，而蘇格拉底、柏拉圖和亞里士多德等真實存在的哲學家，在曾經活躍過的希臘沉入海中的二、三百年之後，他們將成為在傳說之國居住的神靈。

到了那個時代，人們將像讚美希臘和羅馬的繁榮那樣，講述現在日本的繁榮。日本的繁榮至二十二世紀將進入巔峰時期，但後來國力將急速衰退下去。在文化方面，在一定的時代和一定的地域，由於有高級靈的大量誕生，將會構築起一定的文化模式。這個事實告訴我們，在未來的時代中，高級靈多在日本以外的地域轉生，是有其真理流動背景的。

## 七、西元二六〇〇年～二七〇〇年

在二十六世紀中，將會發生如上所述的地殼變動，但進入二十七世紀後，地球將恢復平靜，進入小康狀態。

在二十七世紀初，九次元世界將派遣庫德・佛米（Koot Hoomi）降生在印度洋上的新拉母迪雅大陸上。他就是過去曾在希臘轉生的阿基米德（Archimedes, 287—212 B.C.）之靈，以及此後以牛頓（Isaac Newton, 1643—1727）之名轉生的科學家之靈。他是代表佛的黃、白、紅、藍、綠、紫、銀的七色光之中的銀色（進步・科學之光）的最高存在。

順便在此對佛的七色光譜做說明。

黃色光，實際是金黃色之光，這是釋迦位於頂點發出的光芒，代表真理體系、法本身的顏色。從九次元的釋迦發出的黃色光，將照向在八次元、七次元、六次元系統中活躍著的佛教系統的人。這本書命名為《黃金之法》，這實際上是釋迦的教義的別名。

在九次元世界統管白色光的是耶穌・基督，這是愛之光。醫生、護士穿著的白色服裝，就是這愛之光的象徵。耶穌・基督白色光線系統靈團亦被稱之為白色靈團，近年來人們透過種種靈界通訊，瞭解了其存在。

其次是紅色光，統管這紅色光的是摩西。紅色意味著統帥，主要著重政治和軍事等方面。

第四是藍色光，是指思想、思考的抽象性領域，統管者是宙斯，他同時還指導著文學、藝術領域，並且與思想領域相關。但是蘇格拉底和柏拉圖等的哲學與「法」有關聯，所以是由釋迦予以指導。

第五是綠色光，這是九次元如來摩奴（Manu）的光線，此光線統管著自然、環境和大和諧等領域。老莊思想的「無為自然」之道等，受到了重視協調的綠色光線的影響。

第六是紫色光，統管秩序、習慣、儀式、道德等領域，由中國的思想家孔子為管理者；此外，日本神道也是屬於這紫色光的範疇。

第七是銀色光，即所謂科學家的光線，統管物理、醫學、數學、化學等。愛因斯坦、湯川秀樹博士等屬於這銀色光的範疇。銀色光的統管者是九次元如來牛頓，這在前面已介紹過。

以上是九次元人格大靈七大支柱，此外還有三大支柱人格大靈，這三位大靈不是具體負責七色光之長，而是肩負調整的職責。

第一是恩利勒（Enlil），他承擔著引導諸神靈從狂暴、破壞走向創造，促進靈性覺醒的職責。

第二是彌勒（Maitraya），他為了達到慈悲的具體化做著努力。

第三是瑣羅亞斯德（Zoroaster），他在波斯（Persia），瑣羅亞斯德教興起之後，再次轉生世間，名為摩尼（Mani），創立了摩尼教。他的職責是因應各個時代，調整人們的善惡價值概念，亦即根據不同時代，對於什麼是善、什麼是惡做出具體的決定。

九次元世界，有以上的人格大靈作為十大支柱。

牛頓再次誕生世間之靈，就是來自十位大如來之中。他將在二十七世紀中轉生地上世界，為推動宇宙時代科學文明之發展做出進一步的努力。他在那個未來的時代，將發明藉由通行於四次元以上世界，穿梭於宇宙空間的宇宙飛船。因為這個發明，即使是如何遙遠的星球，人類都可以前往定居。

## 八、西元二七〇〇年～二八〇〇年

進入二十八世紀，地球上最為繁盛的應屬新拉母迪雅，或是說在印度洋上的新加納大陸。若要描寫這個大陸的文明，將是如下的場景：

首先，從高空望下去，可看出一大特徵：陸地將分成三部分，呈現出三種不同的顏色。陸地東側的三分之一主要是工業地帶，遍佈著各種工廠和生產設備等。工廠用地林立，有如鋪滿了白色的瓷磚。

陸地的中央部分主要是居住地帶，由上空看，主要色調似是橘黃色。在這片橘黃色土地的中央部分，有一個直徑一百公里左右的圓形商業街區，政府和各公司的大樓林立。這個圓形地區的周圍，呈現出放射線狀的八個居住地區。在居住地區內，反映出了職業和宗教信條上的不同特色，彼此之間容易相互協調者即為近鄰。

陸地西部的三分之一是一片綠色，那裡有果園、蔬菜、農場等廣闊的地區；北邊丘陵是別墅山莊地帶；南部海岸是渡假村地帶。

注視大陸的南岸，則可以看到有海底城市。在水深五十至一百公尺左右的大陸架上，有許多透明的半球形建築物。在這種水下建築與地上世界之間，有海底隧道的地下鐵相連接。海底城市主要為海洋研究和海底牧場提供空間。

海洋研究主要是在挖掘、提煉深埋在海底的礦產：如從海水中提煉金、鈾礦等，以及將海水轉製為淡水，再將淡水分解成氧和氫，提供海底城市的氧氣，氫則製作成固體燃料。

另一方面，從地下通道進出的潛水艇，使用像是遙控機械手臂一樣的裝置挖掘海底，當挖掘起一定數量的土石後，便由吸管把土石吸入，在船內透過貴重金屬鑑別作業，回收礦物資源。

在海底城市的周圍有海底油田。那時，地上的油井已乾枯，只能在大陸架上開採石油以繼續提供能源。採汲的原油經過海底城市精密加工之後，再以輸油管輸送到地上的工業區。

此外，有的海底都市還有經營海底牧場，也就是海產養殖業。海產養殖業已不是把魚圈在一定範圍內飼養，而是在立於海底十公尺左右的支柱上部，建築一個適合魚生活、像蜂窩一樣的魚公寓。

在這個公寓的中央廣場，安裝上每天三次噴放出魚餌的系統設備，用不同的音樂和不同的魚餌招來不同的魚群。比如，要讓鰹魚群聚集過來時，就放送鰹魚喜歡的樂曲和放出魚餌，使之形成一定的習慣，這樣可以在必要時輕易做到「一網打盡」。這些作業均是在水中攝影監視器下運作的，所以，人可以在海底城市的控制中心內，進行養殖和捕魚等作業。

海底牧場的工作是年輕人的熱門職業，這裡是代表最先進的產業技術領域之一，特別是根據不同的音波，在飼養魚的同時做各種研究，須具有尖端的科技知識。當然，在養魚之外，也進行著海草栽培等作業。

## 九、西元二八〇〇年～二九〇〇年

西元二十九世紀時，人類將再次創造出一個偉大時代的浪潮，這個浪潮即是佛法真理的一大改革運動。在二十九世紀的上半期，在地上界將出現偉大的指導靈，這就是曾經在埃及誕生的摩西。他將再次轉生世間，降生在新拉母迪雅大陸。

那時的摩西，將不同於在埃及為希伯來民族解放而奮鬥的摩西。過去他曾是政治指導者、奇蹟創造者，以及有卓越靈性才能的人，而在將來的高度文明發展社會中誕生的他，將面貌一新。當然，他所講述的教義的確是「心」的教義，但同時他也具有很多超能力者的技能。

在這個時代，穿梭於四次元空間的太空旅行，幾乎已經達到了實用階段。這意味著，進行太空旅行之人的肉體，出現了某種變化。在此之前，三次元的肉體和四次元世界的靈魂是二分的，但既然利用四次元空間進行太空旅行，那麼以三次元的肉體就不會沒有任何變化。

對此，在第一章的佛光物理學中已做了說明。在這個三次元世界中存在的事物，取決於一定的波動才能夠存在，意即，存在於四次元的事物，必然具有四次元波動。相較之下，存在於三次元的事物相對波動較粗糙，所以要將三次元物體的宇宙飛船改變為四次元存在，就必須透過一定的振動裝置把它調整成四次元波動。

然而人體不同於機械，而是處於靈性意識體的控制之下，若把人體波動改變為四次元波動，也就是說若把在三次元的存在，分解成看不見的形態後，就有可能與四次元的靈魂之間發生不協調的狀況。因此，為了讓人在被分解成四次元的念之後，能夠控制每個時刻的念，人的靈魂有必要做事先的訓練。做這種意識訓練必須有指導者。摩西的再次誕生，實際上就是擔任這個職責。他那時將具有次元空間移動（Teleportation）的超能力，要具有這個次元空間移動的能力，首先就必須十分精通四次元以上世界的法則。

如果在不知實在界（靈界）法則的狀態下，進行了次元空間移動，有些人將會患上精神分裂症，也就是做為靈魂和肉體之連結的靈子線將處於異常狀態，使靈魂無法充分地控制肉體之舟。因此，在二十九世紀中，人們若要具有按照自己的意志做身體瞬間移動的能力，就必須接受光明指導靈在「心」與「肉體」之協調法則的指導。

光明指導靈為了防範極端性的超能力信仰產生，教導了人們作為人應該有的姿態。也就是說，人即使能夠穿越四次元空間，也並非是什麼了不得的事，更不能證明此舉就是覺悟了，還有許多覺悟更高的人，居住於五次元以上的世界。屆時他們將對人們進行如此教誨。

如果把方向偏到了追求靈能、超能力方面的話，將會伴隨著很大的危險。在這個時代中，會大量出現有空間移動能力和靈聽能力的人。「愛」和「慈悲」的教義，對這種人來說是非常難以入耳的。再誕的摩西，將傳佈何謂新時代之正義，這也是因為許多人在靈能力的使用上，對地上正常生活的人們構成了種種威脅。

## 十、西元二九〇〇年～三〇〇〇年至以後的未來

進入西元三十世紀，地上的科學文明將高度發達。首先描寫一下映入我眼簾的光景。

那個時代將形成兩大文明圈：一個是大西洋上的新亞特蘭提斯文明；另一個是印度洋上的新拉母迪雅文明。在宗教領域，新亞特蘭提斯在心的教義方面打下了堅實的基礎，而新拉母迪雅則偏向了追求超能力的方向。

從上空觀望三十世紀的新亞特蘭提斯文明，可以看到城市從宇宙聯絡中心，向四周放射線狀的展開。那時將盛行開發金字塔能量等裝置，有如強化玻璃材質的金字塔型建築比比皆是。這種金字塔型建築可以吸收太陽能和宇宙射線，進而製造新動力能源。從強化玻璃建築的外表，將放射出像彩虹一樣，並在一天之中漸漸變化的七色光。到了夜晚，在人工照明之下，宇宙飛船起降基地的周圍光明如晝，是一幅壯麗的夜景。

這個時代的另一個特徵，是在空中設置有幾十根以磁力線構成的步行通道，這就像是在離地一、二百公尺的空中有數條彩虹一樣，呈現出各種顏色。

這種通道不是物質做成的，其原理是利用與人體本身所具有的磁發生排斥作用，產生出的一種磁力導線，人體若站立在上面，會在浮起五公分左右之處靜止。之後，人可以使用攜帶

的遙控器來控制進退。如果按下前進的按鍵，人就像坐上了傳送機一樣，可以按照自己的意志前進；要停止時，也可以在空中立即停止。如果讓生活在本世紀的我們看到，肯定會對三十世紀的人移動方法感到驚訝。

在此，再舉幾個與現代文明不同的特徵。

著名科學幻想小說家H・G・威爾斯（Herbert George Wells, 1866－1946）在科幻小說中提到了時空機（Time machine），這個時空機在三十世紀的新亞特蘭提斯文明時代，將被成功發明。其原理是乘坐超光速飛車，便可以越過在過去和未來之間的時間牆。

這個時空機，將在三十世紀初期發明。由於最初的乘坐人員雖然成功地前往了過去或未來，但卻一去不能復返，前往營救的第二、三批人也沒有回音，因此形成一個很大的社會問題，而且也不知道那些人到底前往了哪個時代，所以不知應該如何去尋找。在這個時代的諸大靈能者，針對這一事件得到了天上界諸靈的協助，得知那些前往異次元的人所處的時代和地域，使一部分的人獲得了營救。

在過去也曾出現過時空旅行者的例子。七世紀左右，在日本的馬鞍山曾出現過「天狗」的傳說。在古埃及的金字塔壁畫上，曾描繪出未來人的形姿。在古代印加的納茲卡（Nazca）高原，也曾有把時空飛船誤認為是神靈到來的記錄。此外，在舊約聖經中的預言者以西

（Ezekiel）所見的四足飛行物，其實不是宇宙飛碟（UFO），而是三十世紀人的時空飛船。

不過為了消除人們因為時空旅行所產生的社會不安，當時的政府決定停止使用時光機旅行這個計劃，乘坐過時空飛船的人大約只有三十人左右。那個時代的人稱H・G・威爾斯是一位預言家，雖然三十世紀是科學的世紀，但在三十一世紀以後，科學文明將會出現稍為衰退的跡象。

另外，在未來的新亞特蘭提斯人中，獲得靈魂進化的人將大量移居到其它星球上去，並在那裡建設新的烏托邦社會。過去的地球人類始祖，原本是從遙遠的星球飛到地球，他們為了建設地球烏托邦做出了努力。前往其它星球的諸靈人，也同樣會在新的靈魂修行場努力學習。首批的大量移居，將在三十一世紀時開始，第二批移居應是在三十五世紀左右進行。

今後，人類仍然會在這個地球上居住一億年左右。在這期間，將有幾百、幾千個文明的興衰、循環，但這並不表示說，完全相同的文明會在地上人間反覆出現。因此，人類才可能永遠地進行靈魂學習。

我本身的靈魂，將在二十世紀末至二十一世紀的約五十年間，講述佛法真理，此後，天上界的諸光明指導靈將會做出具體的指導。之後，我再度持肉身轉世，將會是在二千八百年之後。屆時，讀者中的許多人又將再次與我相遇。

# 後記

本書《黃金之法》與《太陽之法》同樣是在我三十歲時（一九八六年）落稿，次年出版，書中隨處可見青春活力的感性和大膽、瀟灑的筆風。發行以來，在世界各地均獲得了許多熱心讀者的支持。

同時，對於經過數年歲月，創立了幸福科學、新的世界宗教，並擔任總裁的我，也獲得了更高一層的悟境。

這本《黃金之法》還對諸光明指導靈之功過給予了一定的評判。此批評並非安守於過去的教義，而是為了迎接有發展性的未來，完成了一項不可或缺的作業。

特別是在第四章「太陽升起之國」中，對日本宗教家的功過做了大篇幅的記述；在第五章「愛之湧潮時」中，對內村、谷口也做了一定的批判。

從整體來看，本書無論是在學問之洗練，還是在宗教覺悟的視點上，可以說都具有可以肯定的高度。繼《太陽之法》後，願這本佛法真理的時間論《黃金之法》，能成為人們修行和覺悟的啟蒙書。

**幸福科學集團創立者兼總裁　大川隆法**

國家圖書館出版品預行編目（CIP）資料

黃金之法 / 大川隆法作 ; 幸福科學翻譯小組譯 . -- 二版 .
-- 臺北市 : 華滋出版；信實文化行銷 , 2017.02

面；　公分 . -- (What's Being)

譯自 : 黃金の法

ISBN 978-986-94383-1-5( 精裝 )

1. 靈修

192.1　　　　　　　　106001242

What's Being
# 黃金之法

作　　者：大川隆法
譯　　者：幸福科學翻譯小組
總 編 輯：許汝紘
美術編輯：陳芷柔
編　　輯：黃淑芬
發　　行：許麗雪
總　　監：黃可家
出　　版：信實文化行銷有限公司
地　　址：台北市松山區南京東路5段64號8樓之1
電　　話：（02）2749-1282
傳　　真：（02）3393-0564
網　　站：www.cultuspeak.com
讀者信箱：service@cultuspeak.com
劃撥帳號：50040687 信實文化行銷有限公司

印　　刷：威鯨科技有限公司

總 經 銷：高見文化行銷股份有限公司
地　　址：新北市樹林區佳園路二段70-1號
電　　話：（02）2668-9005

香港總經銷：聯合出版有限公司
地　　　址：香港北角英皇道75-83號聯合出版大廈26樓
電　　　話：（852）2503-2111



若想進一步了解本書作者大川隆法其他著作、法話等，請與「幸福科學」聯絡。
地址：台北市松山區敦化北路155巷89號
電話：02-2719-9377　電郵：taiwan@happy-science.org　FB：https://www.facebook.com/happysciencetaipei/

2017 年 2 月 二版
定價：新台幣 380 元